佐藤肇
経営の決断
101項

日本経営合理化協会 出版局

はじめに

社長業は「決断業だ」とよく言われるが、それは違う。

会社の存亡をかけるような大決断をしないで済ませる。本来、これが一番良い経営である。

私が大学を卒業し、父・誠一の創業したスター精密に入社してから、およそ半世紀。入社時は売上25億円ほどの典型的な中小企業だったわが社が、ここまで成長発展してこられたのは、経営の根本にこの考え方があるからだ。

大方の危機や逆境は、環境の変化に常に目をくばっていれば、相当事前に察知できる。

もちろん、正確に先を見通すことは難しいが、それでも自分なりに仮説を立て、最悪の事態になっても何とかなるよう優先的に策を講じていれば、直前になって場当たり的な大決断をしなくて済むものだ。

厳しい言い方になるが、もし、事あるごとに決断をしているようなら、それは社長の怠慢にほかならない。

社長であるならば、予測でよいから危機を網羅して、窮地に立たないよう備える。それが、私のやってきた「経営の決断」である。

たとえば、事業からの撤退という、経営者にとって避けて通れない決断がある。最も重要で、最優先に取り組むべきことだが、売上を減らす恐怖を本能的にもっている社長にとって、「捨てる経営」は本当に難しいことだ。

よく驚かれるのだが、２００９年にリーマンショックの影響で売上が一気に3分の1に落ち込み、85億円の大赤字となったとき、私はこれまでの主力事業の一つであった大型プリンター部門を捨てた経験がある。

大赤字のときに、さらに数十億円の売上を減らす決断に、多くの方は驚かれる。しかし、5年後、10年後の高収益体勢実現のためにやらなければならないと計画していたことで、一か八かのバクチでは決してないのである。

大型プリンターの事業は長い間稼いでくれた部門だったが、近年は収益率が大幅に落ち、近い将来、会社のお荷物になると予測できた。

使わない設備や売れない在庫を抱えていると、維持するだけでコストがかかるし、そのための人員も必要になる。さらに、その余分な資金を銀行借入で賄《まかな》うと、さらに金利支払いで利益が喰われる。

結果的にコスト高になって利益が減り、バランスシートが肥大化する。それはいずれ損益計算書にも影響を与えて、さらに損が出ることになる。

そこで、まだ40億円の売上がある2006年時点で、赤字になる前に捨てることを決めていた。そして3年かけて徐々に撤退し、在庫も売り切り、2009年に完全撤退を果たしたのである。

一方で、将来有望なPOS用小型プリンター事業を着々と育て、2008年には40億円の利益を稼ぐまでにしておいた。この事業に撤退部門の人員を配置転換したので、事業撤退にともなうリストラはしていない。

もちろん、85億円の大赤字となってもビクともしない財務体質は、何年も前から築いていた。たとえ、3年売上がゼロになっても日本人全従業員の給与・賞与・退職金を賄《まかな》える現預金が、会社には150億円ある。

リーマンショック不況の影響範囲については、様々な情報を集めたうえで、会社も社員も守り抜けると確信していたので、何も怖れることなく、毎晩グーグーとよく眠ることができた。

＊

この一例が示すとおり、本書は、「経営の決断」というタイトルから想像されるような、のるかそるかの決断の数々をご披露するものとは違う。むしろ、綱渡りのような経営をしないために、どう先を読み、会社の方向を定め、計画し、全社一丸で乗り切るか。あるいは、途中で間違えたとき、いかに上手に軌道修正を図るか…。

様々な難題に、私が大事にしてきた原則や基準を１０１項に厳選し、決断の急所として解説した。

社長業をやるうえでいちばん覚悟しなければならないことは、孤独になることだ。

会社におけるすべては社長の責任である以上、経営判断を他人に委《ゆだ》ねることはできない。そんな重責を担う経営者の「転ばぬ先の杖」になりますように。

本書に託した、私の唯一の願いはそこにある。

令和三年六月吉日

スター精密　代表取締役会長　**佐藤　肇**

はじめに

1 中小企業の良さを活かす経営

2 社長の最大の役割

3 高収益事業の見つけ方・育て方

4　会社におカネを残す策

5 処遇と人件費

6 社長の姿勢

7 事業承継と会長業

装丁　美柑和俊

1　中小企業の良さを活かす経営

［1―1］身の丈にあわせた成長

絶対に大企業のマネをするな。
規模を追わず「身の丈」にあった経営に徹せよ。

私の経営者人生は、いつも節目節目で逆風が吹いていた。取締役になった1995年は創業以来の赤字、さらに社長に就任した年はリーマンショックの翌年で、85億円の大赤字に見舞われた。

危機に直面し、会社をどう舵取《かじと》りしていこうかと悩むとき、いつも思い出すのは創業者である父親の教えだ。「いたずらに規模を追わず、身の丈にあった経営に徹せよ」と何度も言われてきたのだ。

「身の丈にあった」とは、大企業のように儲かる事業も儲からない事業も抱えて売上をとりにいくのではなく、儲かる事業に経営資源を集中し、自社の財務力に見合ったヒト・モノ・カネで、堅実に成長していく経営のことである。

決してイケイケ・ドンドンの派手さはない。しかし、社長の悲願ともいえる「会社を絶対に潰《つぶ》さない」経営法なのである。

佐藤　肇「決断の定石」ＣＤより

［1―2］優良企業とは

健全性が第一、二番目は収益性、これからの時代、成長性は最後。

とっくの昔に高度成長が終わり、バブル崩壊から20年以上も経ったというのに、経営者のなかには「売上が伸びれば、世間も銀行も良い会社だと思ってくれる」という錯覚《さっかく》がまだある。

しかし、私は、商品・サービスの「成長性」や「収益性」よりも、財務の「健全性」を最も重視している。好不況に左右されず、絶対に潰《つぶ》れない。これが優良企業たる第一条件と考えている。

もちろん、売上拡大はどうでもよいと言っているのではない。しかし、売上を追えば収益性も健全性もカバーできる時代ではない以上、これからは経営に対する考え方を根本から変えるべきだ。

万一、思ったような売上が出ない場合にも耐えられる体力をつけたうえで、利益の伴わない売上を追わない。健全性第一、収益性二番、成長性は最後である。

佐藤 肇 著「佐藤式 先読み経営」より

[1—3] 売上・利益をあげる「真の目的」

売上・利益の増加は単なる手段であって、真の目的はキャッシュの最大化である。

これまで成長拡大を追ってきた経営者に、念押ししておきたいことがある。それは、「規模拡大」「売上・利益の増大」はあくまでも手段であって、目的ではないということだ。それでは、売上・利益を増やす真の目的とは何か。それは、キャッシュの最大化にほかならない。

なぜなら、赤字でも会社は潰《つぶ》れないが、資金が詰まれば一晩で倒産する。売上も利益もいわば絵にかいた餅で、大事なのは会社におカネを残すことである。

そもそも、売上を伸ばせば、会社のおカネは減っていく。売上を伸ばすためには在庫が増え、売掛債権が増え、ヒトが増え、設備が増え、借金が増え、支払い金利が増え、その分のカネが減る。

売上を増やせばおカネも増えると思っているならば、それは大きな間違いである。

佐藤 肇「決断の定石」CDより

［1―4］小が大に勝つ戦い方

売上規模では敵《かな》わなくても、一人当たりの賞与支給額ならトヨタに勝てる。それが中小企業の正しい戦い方である。

売上利益ではなくキャッシュを大事にすることは、従業員を大切にすることにつながる。キャッシュがあれば会社を潰《つぶ》さず、雇用を安定化できる。さらに賃金の原資であるキャッシュの最大化を狙うことで、従業員に高い給料を払ってやれる。

私としては、従業員を大切にすることの具体的な証《あかし》として、わが社を日本一給料の高い会社にしたい。とはいえ、世の中にはとんでもない月給を払うようなＩＴ企業もいて、そういう企業には敵わない。

言うまでもなく、人件費は固定費の大部分を占める経費であるから、場当たり的な安っぽい情に流されて安易な賃上げを行えば、総人件費が膨張し、収拾がつかなくなってしまう。人件費倒産などという事態になれば本末転倒だ。

しかし、ボーナスの支給額ならば日本一になれる。わが社のボーナスは業績連動だから、業績が良いときは、まさに青天井で支給している。

自慢めいた話で恐縮だが、日本経済新聞社が発表している「ボーナス支給額ランキング」で、わが社は上位の常連であり、リーマンショックの翌年２００８年も、冬のボーナス支給額平均は１２７万円と、日本の上場企業で２位だった。

ちなみに、そのときの１位は１４６万円で任天堂だったが、任天堂は労働組合がないので部課長も含めた平均額である。一方のスター精密のボーナスは、部課長を除いた係長までの平均金額なので、おそらく純粋な意味での賞与支給額は、わが社が１位であろう。

リーマンショック直後であってもこれだけの賞与を出し、なおかつ８５億円の大赤字を出した２００９年も、最低保証の年間４カ月のボーナスをしっかりと支払った。もちろん株主にきちんと報いることも必要で、赤字でも配当をストップしたことはない。

わが社は、東証一部企業といえど、売上規模では下から数えたほうが早い。

しかし、一人当たりの賞与支給額ならば天下のトヨタにだって勝てる。

それは、中小企業の良さを活かす経営に徹してきたからこその成果であり、小が大に勝つ、正しい戦い方なのである。

佐藤 肇「決断の定石」CDより

［1―5］弱みは強み

「最小の経営資源」で「最大の効果」を上げよ。

中小企業はカネがないのが弱みだ。カネがないから、ヒトもモノも少ない。しかし言い方を変えれば、小さなヒト・モノ・カネで効率的に儲ける経営ができる。皆が一致団結、社長と心を合わせながら少ない原資で多く儲け、少ない人数で多く分けるのが中小企業の良さであり、強みなのだ。

大企業は、在庫も従業員も設備や土地・建物も多く抱えなければならないから総資本が必然的に膨張し、いま儲けが出なくて困っている。

しかし中小企業は、社長の強い意志さえあれば、儲からないものをさっさとやめて、儲けに直結する資産だけをもつことができる。

すなわち、最小の経営資源で最大の効果を上げられる、小さくても強い企業体質を築くことができるのである。

佐藤 肇「最小の経営資源で最大の効果を上げる経営」ＣＤより

［1―6］捨てれば儲かる

「捨てる経営」ができないと儲かる会社にならない。

経営には、「攻める経営」と「守る経営」と「捨てる経営」の3つがあり、経営環境や会社の体力に即して3つをバランスよくやらねばならない。

将来性のある商品はどんどん攻める。ほどほどの商品は守る。しかし、利益率が低下している商品は、たとえ売上が大きくても、早めに捨て去らねばならない。

とくに、「捨てる経営」はいまのように、いつ何時《なんどき》、売上が急減する事態に直面するかわからない時代に重要となる。過剰な在庫、工場、設備などを抱え込んでしまうと損益分岐点が上がってしまい、何かの理由で売上が減るとすぐに赤字になってしまうからだ。

ところが、多くの社長は「捨てる経営」が苦手だ。捨てることは、即、売上を減らすことだからである。「捨てるのはいいが、その分の売上が減る」と、まず捨てない。

しかし、長期のソロバンで損得を考えてみよ。捨てることで出る損を嫌がって、使わない設備や売れない在庫をずっと抱えていると、維持するだけでコストがかかるし、そのための人員も必要になってくる。

さらに、売掛債権や在庫というのはキャッシュが寝ている状態だから、その余分の運転資金が必要となり、それを銀行借入で賄《まかな》うと、さらに金利支払いで利益が喰われる。

結果的にコスト高になって利益率が減り、バランスシート（B／S）が肥大化する。それはいずれB／Sの問題にとどまらず、損益計算書（P／L）にも影響を与えて、さらに損が出ることになってしまうのである。

とにかく、要らないもの、それを抱え込むとキャッシュが滞るものを社内に抱え込んだら、不良資産化して苦しむということを、経営者は認識しなければならない。

そして、そういうものが出てきたら、さっさと捨てる経営ができるかどうか。これが、儲かる会社にするために、経営者にとって大事なポイントになるだろう。

佐藤 肇 著「佐藤式 先読み経営」より

［1—7］ 3つの「創業スピリット」

「3つの創業スピリット」に外れる事業はいっさい手を出さない。

スター精密は精密部品の加工製造業で創業したのであるが、なぜこの商売を選んだかというと、戦後の荒廃《こうはい》のなか、ヒト・モノ・カネのない零細企業が繁栄していくには、次の3つの条件に合う事業でなければならないという考えがあったからだ。

第一に、「材料をたくさん使う仕事はダメ」。わが社の創設は戦争が終わってわずか5年後。当時の日本には石油も鉄もなく、創業にあたり、なるべく材料の少ない商売でなければならなかった。

第二は、「輸送コストのかからない事業」。1950年の日本では高速道路はまだないし、いまのような物流システムもなかった。

静岡という田舎の中都市で事業を行う以上、東京、名古屋、大阪といった大都市に取引先を求めるしかないから、あまり輸送コストがかけられない。

そのため、取り扱う製品はできるだけ小さいものにしようと考えたのだ。

そして、これが一番重要であるが、「人を使わない仕事」というのが第三の条件である。

１９４８年から４９年にかけて、全国で労働者の待遇改善のストライキが多発した。その影響で人件費が高騰し、多くの従業員を雇うことはできなかった。創業者は、戦後の復興に伴って、必ずや賃金も飛躍的に高騰すると予見。であるならば、なるべく人を使わないことが有効である。

それから現在まで、精密部品の加工業、次は、自社で作って使っていた部品加工機で工作機械の市場へ進出、そして精密加工技術とエレクトロニクスを融合させた特機事業に進出…と事業を増やしてきたのだが、この「創業の３つのスピリット（精神）」に外れるもの、つまり小資本で高い付加価値を生む事業以外は、たとえ儲かりそうなものでも、いっさい手を出さずにやってきた。

結局、経営の原則を外れた成長拡大は長くは続かない。とくに、人口が減り、需要がどんどん縮んでいくこれからの時代、中小企業こそ、少ないヒト・モノ・カネで効率よく儲ける経営に徹していくことが非常に重要といえる。

この中小企業の良さを活かす経営を忘れて、大企業と同じやり方で規模の拡大を図っていけば、とても生き残ることはできない。このスピリットを肝に銘じているからこそ、わが社はここまで成長発展できたのである。

佐藤 肇 著「社長が絶対に守るべき経営の定石50項」より

［1―8］「利益率」×「回転率」の基本

中小企業が大企業・新興国企業に勝つ唯一の道は、ROA（総資本利益率）を高める経営に徹すること。

現在のように、売上は簡単に増えないしコストも下がらない時代、中小企業が大企業や新興国の企業と伍《ご》していく方策のヒントは、ROA《アールオーエー》（総資本利益率）をいかに高めるかを考えることで見えてくる。

ROA《アールオーエー》は税引前利益を総資産で割った数値で、つまり、「いかに最小の経営資源で、最大の効果を上げるか」という経営の本質を示すものである。

ROA《アールオーエー》を高めるには、売上高に対する利益率を高めるか、総資産の回転率を高めるか、もしくはその両方となる。そして、売上高利益率を高めることが容易ではないなか、中小企業は総資産回転率を高めることでROA《アールオーエー》を高めるのだ。

すなわち、余分な在庫を減らし、不要な設備を売れば、総資産は減ってROA《アールオーエー》は上がる。さらに、余剰な現預金を投資に回して利益を増やせば、利益率も高まる。とにかく中小企業は、おカネをぐるぐる回す経営に徹することだ。

佐藤 肇 著「佐藤式 先読み経営」より

［1―9］中小企業だからできること

「買うな、作るな、売るな」は手こぎボートだからできること。

「まさか」と思うような不測の危機に直面したときほど、中小企業の良さ、強さを実感することはない。

たとえば2008年9月のリーマンショックのわずか2カ月後、主力の工作機械の受注が8割減という事態になった。工作機械は高額なので、景気が悪くなると需要が減って売れなくなる。

そこで無理に売ろうとすると、値下げせざるを得ない。しかし、市況が戻った後も簡単には値戻しできないため、それが市場価格になってしまう。そこで、「売るな。売らないのだから作るな、買うな」を徹底した。すべての事業所で金曜も休みにして、週休3日にしたのである。

同時に、国内の全工場・全事務所を回り、従業員にこう説明した。

「会社はキャッシュがあれば何とでもなる。わが社には現預金が150億円ある。国内の全従業員の給与・賞与・退職金の3年分だ。だから、仮に3年間売上ゼロでも大丈夫。だから安心して、一緒に危機を乗り越えてほしい」。

結果、作らないから在庫が減り、売らないから売掛債権も減り、売上利益の大激減で赤字額は85億円でも、実際の現預金の減少は6億円にとどめられた。自己資本比率は81%、盤石《ばんじゃく》である。人員整理もしていない。

リーマン・ショックのときにいち早く回復できたのは、買うな、作るな、売るなという指示を早く出せたからだ。そして、社員がそれを迅速に、辛抱強く徹底してくれたから、というのも大きな要因である。

こんなことは、売上が1000億円に満たない会社だからこそできることで、3000億円を超える会社なら、急激に変えることはできないだろう。もしもスター精密が大企業であったら、私はリーマンショックのときに何もできなかったかもしれない。

だから、これは痩せ我慢でも何でもなく、これまで会社を大きくしなかった。何かあったときにすぐに対応できる企業規模でないと、自信をもって経営ができないからだ。

大型客船が進行方向を変えるのは大変だ。でも、遊園地の手こぎボートなら、片側のオールだけですぐに曲がることができる。何かあったときにすぐに対応できるかどうかを決めるのは、会社の規模である。

［1—10］上場のメリット・デメリット

上場はゴールではない。上場を目指すなら、目的をよく考えよ。

わが社スター精密は1990年に東証一部上場を果たしていることもあり、未上場の経営者から株式公開の是非について質問されることがよくある。結論から言うと、株式公開には利点と欠点があって、あくまでも経営者各人がどういう経営をしたいかによって、上場したほうが良い場合と悪い場合がある。

上場のメリットとしては、安い資本コストでおカネを集められる。さらに、会社に社会的信用がついて優秀な人材を採用できることや、取引先の拡大や新規ビジネスにつながるなどが挙げられる。

しかし、これから変動はしていくだろうが、昨今の市中金利はゼロであるし、決算書の内容が良ければ、企業が融資の主導権をもつことができる。

さらに、静岡に本社を構えるわが社の実感としては、地方都市の上場企業に東大や京大卒の学生が応募してくることなどめったにない。若者の価値観はいまや多様化しており、「給料30万円の東証一部企業より、35万円の非上場企業に入りたい」と考える若者もたくさんいる。

つまり、上場のメリットというものは、昔ほど大きくないように思う。一方、上場すれば株主から経営についてあれこれ言われる。社長の一存で思いついたら即実行というわけにはいかず、株主の了承をとらねばならない。なおかつ、M&Aの対象にもなる。

そういう煩《わずら》わしさを踏まえながら、上場のメリットを重視して経営をしていくか、反対に、上場の締め付けがないなかで、たとえ資本コストが高くなっても未上場のままでいるか。大きく分ければこの2択である。

ただし、どちらを選ぼうと、本来、企業経営の基本は少ない資本で大きく儲ける経営だ。そのために経営者は派手で楽しいこと、やりたいことを好き勝手にやる経営ではなく、バランスシートの無駄を省き、純資産を増やすべく、やらなくてはならないことをコツコツと、着実にやっていくしかない。

そういう意味では、たとえ未上場であっても、経営者が野放図《のほうず》に好き勝手やる経営では、会社は成長発展していかない。双六《すごろく》の〝あがり〟のように「ひと財産つくる」ことを目的にＩＰＯ（新規公開株）を目指す起業家と違い、私を含め、本書読者の大半は、企業の永続繁栄を使命として経営をやっている。

その大目的の実現のためにそれぞれの会社独自の戦略や戦術があり、株式の公開もまた、目的を果たすために必要かどうか、ということになる。

言うまでもなく、上場はゴールではなく手段だ。ゆえに、上場の是非は経営の目的いかんで違ってくる問題である。

佐藤　肇「決断の定石」ＣＤより

2　社長の最大の役割

［2—1］経営者の誇りと恥

社長に課せられた「役割」を自覚せよ。

社長の抱く夢や野望を、多くの人間の協力で実現させていくためには、その大前提として、社長がまわりから尊敬される存在でなければならない。尊敬のないところに真の協力関係は生まれないからだ。

そのために最も大切なことは、社長という仕事に課せられた世の中の役割を確実に果たすことである。たとえば、国や地域に対しては適正な納税が、「社長の地域社会への役割」である。

ところが、社長のなかには、なかなかこういう考えに及ばない方が多い。そういう社長はたいてい、法人税は高いだの不公平だのと言って、税金をできるだけ払わない工夫に血道をあげている一方で、自分の車にはお金を惜しまないものだ。

実際に、利益が５０００万円程度の会社で、１０００万円もする高級自動車を乗り回している社長も少なくない。「せめて自分の乗っている自動車と同額の利益ぐらい出してみろ」と言ってやりたくもなる。

そんなものにお金を使うくらいなら、もっと社員の給料を上げたほうが数倍よい。多くの社員に安月給で我慢してもらい、関係者に無理を言ってようやくあげた利益よりも、社長一人の取り分が多くて当然、と思うトップに、果たして社員がついてきてくれるだろうか。

要するに、社長の役割意識に欠けた私利私欲を満たすだけの経営は、たとえつかの間の繁栄はあっても、事業の永続繁栄は望めないということだ。

商売を可能にしてくれる国や地域社会に対して、株主に対して、金融機関に対して、そして何より社員に対して、立派な社長と言われるような役割を果たす。

立派だから尊敬され、尊敬されるから協力してくれる。それが最善の経営であり、自らの社長人生を豊かなものにする最高の生き方だ。

ゆえに、もしわが社を、3年先にいまよりもっと素晴らしい会社に、5年先、10年先にはさらに内容の濃い良いものに育てたいと願うなら、社長の役割意識というものを大事に大事に考えて、正面から受け止めてもらいたいのである。

社長業を一生の仕事として選んだ以上、社長の役割意識は「何のために会社を経営するのか」「誰のために儲けるのか」、その根本の生き方を決定するものであることを、心の底に刻んでおいてほしいのだ。

佐藤肇著「社長が絶対に守るべき経営の定石50項」より

［2―2］先読み経営

トップがすべきことは「先を読むこと」と「決めること」。

社長にとって最大の役割は、世の中の流れを的確に読み取って、将来の大きな方向づけを決定することである。

景気の循環にかかわりなく、たとえ景気が悪くなってデフレになっても継続的に成長して利益が上がっていく会社にするには、まず社長が将来の経営目標を決め、5年後の目標から逆算して4年後はこの8割の実績を、3年後は、2年後は、来年は…というように実現計画を練り、これを世の中の流れに合わせて修正し続けるしかない。

経済の仕組みは常に変わり、その変化に対応しながら事業を続けていくことが、社長の宿命なのである。見えない未来をなんとしてでも見極めて、決断して手を打つ。目先の変化にいちいちオタオタしていては務まらない。

泣き言を言っていられない、言い訳無用の仕事である。

佐藤 肇 著「佐藤式 先読み経営」より

［2―3］社長は10年先の儲けをつくる人

会社経営は10年単位で考えよ。

私は10年を一つのタームとして、事業経営を変えていくようにしている。もちろん30年くらい同じ商売ができればいいのだが、いまのように変化のスピードが速い時代において、同じマーケット・同じ顧客に、同じ製品を同じ値段で30年売り続けることはできない。それゆえ、10年単位で新しい事業の柱をつくっていくのだ。

そもそも、事業の柱となるような新規事業はそれなりのコストと、5年の歳月を要する。最初の1～2年は赤字で、3年目でトントン。4～5年目にこれまでの赤字を返して、6年目からようやく利益に貢献するというのが、これまでの経験からいって一番無理のない見通しだ。

しかし、新規事業が高収益を維持できるのは、よくて5年。だからこそ社長は常に10年先を予見し、事業構造を変革し続けることが必要なのである。

佐藤 肇 著「佐藤式 先読み経営」より

［2―4］経営判断の真髄

経営判断とは、「現状の最善」ではなく「10年後の最善」を見越して決めること。

経営判断というものについて、私がいまも手本としているのは、「1989年の大連進出」である。

当時、創業社長である親父と私は、中国での海外生産を始めるべく、大連に工場を建てようと計画した。

多くの企業は深センに進出していたが、5年、10年先の労働力の確保に不安がある地域だったため、治安やインフラなど様々な条件を吟味《ぎんみ》し、20年はとどまれるということで大連に決めたのだ。いまでこそ2千社以上の日本企業が進出している大連だが、当時はわが社のほかに2社しかなかった。

しかし1989年、あの天安門《てんあんもん》事件が起こった。忘れもしない、1989年6月4日である。

いまでも覚えているが、当時、親父が役員会で大連進出を提案したとき、役員全員が反対した。「あの天安門《てんあんもん》事件が起こった中国で、安定した生産活動ができるのか。3年くらいは様子をみたほうがいい」とみんなが危ぶんだ。

当時、アジアで生産しているのは一部の大企業に限られ、大半の企業は国内生産が当たり前の時代だったから、そんなリスクを冒《おか》さなくても、と思うのは当然のことだ。

日本はバブルの絶頂で、わが社の業績も最高益を更新していた。いまのままできちんと利益が出ているのに、なぜリスクを冒《おか》してまで…と思うのは無理からぬことである。しかし、親父は役員会の席で、こう言ったのだ。

「日本の賃金レベルはもはや世界最高クラスで、国内生産では早晩《そうばん》、限界が見えてくる。一方の中国だって、変化のスピードは5倍速だ。いま人件費は安くても、これからどんどん上がっていく。だから、早く中国に出た者勝ちなんだ。３年様子見で何もしなければ、将来の損失は１５年分になる」。「日本のバブルはもうすぐ崩壊する。業績が悪くなってから海外に出るのでは、後手に回る。良いときに余裕をもって海外進出すべきだ」。

結局、経営判断というのは、いまが良ければそれで良しではなく、リスクをとって、５年後、１０年後の最善を選ばなければならないということだ。

１９８９年に大連に進出しないというのは、そのときだけの損得を考えれば正しい。しかし、社長の仕事は１０年後の業績をつくることである。

だから、世の中の流れを読んで、その仮定を前提としたうえで「１０年後の最善」のためにいま方針を決めていくというのが、「経営者の決断」というものなのだ。

佐藤 肇「決断の定石」ＣＤより

［2—5］本当の経営手腕

良いときに会社を伸ばすのは誰でもできる。
悪いときにどう手を打つかが、
経営者の腕の見せどころ。

不遜《ふそん》な言い方に聞こえるかもしれないが、悪いときにどう手を打つかが、経営者の本当の腕の見せどころだ。

良いときに売上を伸ばすことは誰にでもできる。世の中が好況になればよほど下手でないかぎり、上りエスカレーターに乗っているがごとく増収増益が基調だ。ゆえに、増収増益というのは、「経営努力から生れた利益増」というより、「他力頼みの利益増」と言い換えてもよいのではないか。

だから、増収増益というのは、ある意味ですごくも何ともない。社長の腕の本当の見せどころというのは、世の中が減収減益の基調でも増益にできる経営、さらに言えば、減収減益でも会社におカネを残す経営である。

だから、たとえ増収増益が続いたとしても慢心《まんしん》することなく、「どのような状況でも増益できる、カネに困らない体質」を築くよう努めるべきである。

［2—6］絶対に当たる「先読みの法則」

周囲が「今後、売上は1割減るだろう」と言うときは2割減と考える。

　私はいつも先の見通しを「良い」「普通」「悪い」と3パターン想定して経営にあたるが、とくに悪いパターン、それも最悪の状況を想定することは非常に嫌なことであるが、最も重要である。

　なぜなら、自社が身を置く業界やマクロ経済が最悪になっても何とかなる見通しを立てておけば、それより悪くならないかぎり、後は上振れするだけ利益が増す。だから、実際に厳しくならなければ「その分は儲けもの」という気持ちで経営をやることが大事である。

　たとえば、２０１６年、英国が国民投票により2年後にEUを離脱《りだつ》すると決定したとき、経営者や経済評論家の予測は「日本の会社への影響は売上1割減」というのが大半だった。

　そこで私は2割減と先を読み、それを前提に計画をつくり直した。周囲が

1割減ると言うときは、2割減ると考える。ここで、さほど影響はないだろうと楽観視して何も手を打たないと、想定以上に悪い結果になったときに、より深いダメージを負うことになるからだ。

当時、わが社の海外売上比率は85％以上で、欧州の売上は3割弱を占めていた。さらに主力のプリンター部門の拠点は英国にしかなく、EU離脱《りだつ》が現実になれば、英国とEU諸国間でヒト・モノ・カネの動きの自由度が制限されることになる。

世界の枠組みが大きく変わるかもしれない、まして2年先の影響を予測することは非常に困難で、こうした不透明な情勢ではとりあえず静観し、2年後の姿が見え始めてから動き出せばよいと考える経営者もいるだろう。

だが、そのときになって対応したのでは遅いのだ。だから、与えられた情報と自分の経験を総動員し、考えうる最悪の事態を想定して手を打たねばならない。

幹部にも、「離脱《りだつ》まで2年の猶予《ゆうよ》があると考えるな。明日突然、最悪のことが起こるという前提で準備を進めよう。離脱《りだつ》が撤回される可能性があるとか、EU側が譲歩して英国に有利な方向に行くとか、都合のいい情報はいっさいアタマに入れるな」と指示した。

〝経営の3坂〟と言うが、「上り坂」「下り坂」いずれの局面よりも怖いのは、想定外の「まさか」である。結局、会社が潰《つぶ》れるのは、想定外の事態に打つ手がなかったときである。

だから社長は、先行きがまるで見えないとしても、最悪の事態を想定して万全の準備をするしかないのだ。

佐藤肇著「佐藤式 先読み経営」より

［2—7］損切りの極意

斜陽事業は利益が出ているうちに切れ。

毎年、利益が減少傾向にある事業・商品は、たとえ利益が出ていても、斜陽化するものと判断してさっさと捨てるべきだ。

早い時期から計画的に、3年くらい時間をかけて徐々に撤退すれば、お客さんに迷惑をかけず、在庫も値下げなどして売り切るなど、いちばん損のないやり方を余裕をもって検討できるからだ。

そもそもカネのない中小企業が、利益率の低い事業を抱える無駄は許されない。とくに、いつ売上が急減するような不測の事態が起こるかわからない時代は、なおさらだ。

したがって、斜陽事業は早めに見切りをつけ、その分の経営資源を儲かっている事業や成長性のある事業に振り分ける。こうして収益性と健全性を維持していくのが、損切りの極意である。

佐藤肇著「佐藤式 先読み経営」より

［2—8］目標B／Sをつくれ

決算書は必ず、最初のページから順に開いて読むこと。

私が佐藤塾という勉強会で長期経営計画づくりを指南するときは、必ず決算書を持ってきてもらい、最初のページから順に開いてもらう。どこの会社でも間違いなく、P／L（損益計算書）よりB／S（貸借対照表）が先に載っているからだ。つまり、それだけB／Sを大事に経営しているということだ。

一般に、「P／Lは見るがB／Sには無関心」という経営者が大半であるが、P／Lはわずか1年間の経営の結果を表したものにすぎない。つまり、この1年間でどれだけ儲けたか、あるいは損したかを示しているのがP／Lである。

しかし、景気が悪くなると、原則的に売上利益は減っていくものだ。景気が回復すれば、それはすぐもとへ戻る。このような簡単に変わりやすい数値がP／Lの数値である。

また、時と場合によっては損が出てもいいケースすらある。その損が将来のために意義のあるものなら、意図的に損を出すこともありえよう。

要するに、経営にとっては目先の損得が問題なのではない。わずか1年間の損益など、決して無視していいとは言わないが、社長はそんなことでいちいち一喜一憂する必要はないのだ。

これに対してB／Sには、創業以来10年も20年もかけて蓄積してきた会社の力量、会社が現在有している体力のすべてが示されている。そこには、「売上の割に、在庫を多くもつ体質」だとか「安易に借り入れをしてしまうクセ」だとか、要するに、会社の体質、体力、もっと言えば社長の性格、経営のやり方そのものが表れる。

こういう経営体質は、絶対に直していかなければならない。ある程度の時間も必要だろうが、直した体質は、それ以後の会社の確実な発展のベースになっていくからだ。

つまり、B／Sの体質が良くなったのかどうか、経営としてはそれが重要である。今期、利益は出たが健全性や収益性はガタガタというのでは、好不況にかかわりなく成長し続ける会社にはならない。

であるし以上、自社の体質を強くしていくのは、社長の意思、社長の戦略として将来のB／Sをどうつくり上げていくかにかかっていると言ってもよい。いわゆる目標B／Sをきちっとつくって、それに向かってどうすればいいのかを考える。P／LよりもB／Sを重要視した経営をする。

これこそが、社長の果たすべき役割なのだ。

佐藤 肇「決断の定石」CDより

［2―9］未来を計画するために必要なこと

企業の将来は、過去の延長上にしかない。

「未来は過去の延長上にある」。これは自社の方向性を定める出発点となる、重要な考え方である。

「過ぎ去ったことは考えても仕方がない」と、過去にはあまり目を向けたがらない経営者が多いが、自社の将来を計画するときに、これまでの企業体質を切り離して考えることはできない。将来の経営は、過去の体質の延長上にプラス・マイナスのアルファが加味された姿に必ずなっていくからだ。

低迷が続く会社が実績を上げ続けるよう変貌《へんぼう》したければ、過去の数字を検証して改善すべき点を発見し、時間をかけてそれを修正していくしかない。

発展のベースとなるものをきちんと築かぬかぎり、会社というものは安定的に伸びてはいかないのだ。ゆえに、社長が思い描く将来のわが社を実現するためには、理想と現実のギャップをまず知ることである。

佐藤 肇 著「佐藤式 先読み経営」より

［2―10］過去の数字が語るもの

過去5年の傾向を見れば、たちどころに打ち手が見えてくる。

自社の過去5年の傾向を見れば、将来の自社の姿が鮮明に見えてくる。私の経験から言って、会社の業績というのは、ノコギリの歯のように毎年ギザギザと上がったり下がったりせず、上昇にしろ下降にしろ、とにかく傾向というものがある。

たとえば経費ひとつとっても、増え続けた経費は何もしないかぎり増え続けるし、減り続ける売上や利益は、何の手も打たないかぎりは減り続けるものだ。ゆえに、事業の将来を考えるときは、まず5年前まで遡《さかのぼ》り、「この事業は上がり調子か、下がり調子か」と趨勢《すうせい》を見れば、打つべき手が必ず見えてくる。ちなみに、「過去3年でも傾向はわかる」と言われる方もいるが、3年では短かすぎる。先読みの精度をより高めるには、やはり5年分の傾向を見る必要があるのだ。

佐藤　肇「決断の定石」CDより

［2—11］決算書から会社の実態をつかむ

会社の実態は、「額」ではなく「率の推移」に表れる。

私は経営の良し悪しを判断する場合、売上利益などを金額や総額で見ない。金額の大小だけで考えていると、大事な経営判断を間違えてしまうからだ。

たとえば、売上は増えたが原価や販管費が売上の伸び以上に上がって、売上高利益率が下がってしまった場合、利益率の低い売上が増えているということで、じつは会社の状態は悪くなっている。売上が上がれば原価率が下がって利益率が上がるのが一般的なのだが、それに反して利益率が下がっているのならば、原因を見つけたうえで、早急にやり方を変えなければならない。

逆に、利益率の悪い売上をやめることによって、減収でも利益率が上がり、売掛債権や在庫が減ってキャッシュフローが良くなる。

大事なことは、「何の数字がどう推移し、その比率が動くことで会社に何が起きるのか」、「どのような手を打って比率を変えるか」ということである。

佐藤 肇「決断の定石」CDより

［2—12］事業経営の差はどこから生じるか

経営判断に使う数字は、社長自ら電卓を叩いて計算せよ。

経営判断に使う数字は、社長自らが電卓を叩いて計算していただきたい。

私は、経理から上がってくる月次の財務データを見ながら、必ず自分で電卓を叩いている。一つ一つの数字を頭に入れながら足し算したり、引き算したり、割り算したりと、たとえばＲＯＡが下がっていれば、在庫の回転率や売掛債権の回収率を自分で算出して、どうしてなのかと原因を探るのだ。

そして、原因がわかったら設定条件をいろいろ変え、それをまた数字でシミュレーションして、最適な解決策を決めていく。この思考プロセスがあるからこそ、予測が外れたときにもパッと原因や代替案が浮かぶ。

「社長には、電卓片手にチマチマした計算をやるよりも大事な仕事があるだろう」と思われるかもしれないが、その大事なポイントをしっかり押さえるためにこそ、自ら電卓を叩いて計算してみる必要があるのだ。

佐藤　肇「決断の定石」ＣＤより

［2―13］会社の未来をつくる

社長は、「会社の数字を意図的に創り出す人」でなければならない。

会社の数字は、社長の意図・方針を明確に反映していなければならない。たまたま帳簿にいくら良い数字が並んでいたとしても、それが社長の考え方を明確に数値化した結果でなければ、先見の明にはつながらない。偶然良かったということで、状況が変化すれば、またまた夜も寝つけないことになる。

別の言い方をすれば、社長は「経営の数字に自らの意思を込める」ことが必要である。世の中の流れを読んで、10年後、20年後の自社の将来を構想しながら、同時に過去5年間の数字を横に見て、理想と現状のギャップを埋めるべく「具体的な経営ビジョン」をつくり上げていく。これこそが社長の役割だ。

ただ念仏のように、口先だけで「100億企業にしたい、上場したい」と唱えていても、絶対に前には進めない。必ず成し遂げたい夢や野望とともに、その実現計画を、全社員に具体的な数字で示していかねばならないのだ。

佐藤　肇 著「佐藤式 先読み経営」より

［2―14］経営とは分配である

企業の存在意義は、付加価値を「生み出すこと」と「分配すること」。

企業経営とは、自社の経営資源を使って、企業の外部から購入した原材料や商品・サービスの上に、自社の顧客が対価を支払ってくれるであろう価値、すなわち付加価値を付け加えて世の中に送り出すことだ。

もし、外部購入価値と同額以下の売上しか実現できないとしたら、その企業は付加価値を生み出していないわけで、経済的な価値がない。ゆえに、社会における企業の経済的存在意義は、社会に有益な商品を提供することによって、いかに多くの付加価値を生み出せるかだと言えよう。

そして付加価値を造成できたとき、当然ながらこれに貢献した者は、生み出された付加価値の分配を受ける権利がある。

たとえば、従業員をはじめ資金の提供者である金融機関や資本家へは給料や金利支払いや配当というカタチで、公共のインフラやサービスを提供してくれる国や地域には税金で付加価値を分配する。

あるいは事業遂行のための経費や、設備更新のための減価償却、未来事業を育てるための先行投資、将来の予期せぬことへの備えとして、内部留保や各種引当金への分配も必要である。

さらに、各協力先に対して十分に報いているのならば、社長は堂々とその報酬を受け取るべきだ。中小企業のオーナー社長の大方は、銀行からの借入に個人保証をつけて高いリスクを取っているのだから、無報酬ではやっていられない。経営者として調和のとれた分配を受けるべきである。

このように付加価値は、「会社を支えてくれる関係者に分配されるもの」であり、付加価値をそれぞれに過不足なく分配することで、翌年にはさらに大きな付加価値を生み出していくことが、長期的な事業発展の要《かなめ》と言える。

ところで、生み出した付加価値をこのようにすべて分配してしまうと、結局残りはゼロになる。すべてを分配してしまうのだから、残りがゼロになるのは当然といえば当然なのだが、じつはここに大きな意味があるということを私は言いたいのである。

これらの分配先は、お互いに一方を増やすとそのぶん他方が減る、いわゆるゼロサムの関係にある。しかもどの分配先ひとつとっても、もし協力が得られなければ付加価値を思うように造成できない。それぞれの付加価値造成の役割に対して「正当な分配」が行われてこそ、協力が得られる関係にあるということである。つまり分配の方針次第で、会社は良くも悪くもなる。

要するに、企業の究極的な目的は利益を出すことではなく、生み出された付加価値をどう分配するかということにある。それが経営である。

佐藤 肇 著「社長が絶対に守るべき経営の定石50項」より

3　高収益事業の見つけ方・育て方

［3—1］ １０年後の収益

「１０年先、どんな事業で儲けるか」を常に考えよ。

もしこれまでと同じ商品やサービス、マーケットのままで、将来も商売を続けるというのであれば、競争のなかで利幅を増やすことは、至難《しなん》の業《わざ》だ。まあ、不可能に近いのではないか。

結局、長期にわたって利幅を減らさずに、利益率を高く維持しようとすれば、これまでより利幅のとれる新しい商品を見つけるか、利幅がどんどん減少する商品を切るか、あるいは少しでも高い値段で売れる新しいマーケットを開拓するしかないのだ。

したがって、私がここではっきりと伝えたいのは、社長は常に「10年先、どんな事業で儲けるか」を考え、新規事業を育て続けなければならないということだ。従来のままでは利幅が減っていくから、何としてでも利幅のとれる方向づけに知恵を絞り、手を打つ。こういう考えが社長には必要である。

佐藤　肇　著「社長が絶対に守るべき経営の定石50項」より

［3―2］先行投資と社風づくり

足元の業績が良いときも悪いときも、将来への「先行投資」を怠《おこた》ってはならない。

企業の将来のために、常に新しい商品とか新しい事業のことを考えていかなければならないといっても、そうそう簡単に新たな事業の柱というのは生まれるものではない。

収益の柱となるような新事業の開発には、相応の資金と時間をかけていかなければならない。たとえば、何人かのプロジェクトチームを組んでマーケット調査、業界動向、企画、設計、試作…と一連の作業には、それなりの人件費がかかるし、経費もかかる。当然のことながら、ある程度の資金がなければ、新事業や新商品を収益の柱にまで育てることは不可能である。

したがって、社長は毎年の予算配分において「先行投資」という科目を設け、社員に積極的に予算を使わせることが、新事業あるいは新製品の開発の大きな原動力になるのだ。

先行投資とは、新事業の調査費や研究開発費、将来の事業拡大に備えた企業広告費、セミナー参加費などの社員の特別教育費の経費である。社長は、この先行投資に充てる予算を、会社の業種業態に関わらず、少なくとも一律2％くらいは、毎年きっちりと付加価値のなかから分配すべきである。

そして、たとえばエンジニアの社員が見本市へ勉強をしに行く。それが将来の勉強のためであれば、その出張旅費も先行投資の予算から使う。あるいは、新商品の情報収集を外部に調査依頼したら、その調査の費用、コンサルタント費用も先行投資の予算枠から使う。このように、振り分けた予算をきっちり使うことが、じつは非常に大事なことである。

なぜなら、「今年は利益が出なかったから来年は先行投資はしない」、「今年は利益が出たから、来年は先行投資を行う」と、社長のきまぐれで先行投資の予算枠を設けたり設けなかったり、あるいは予算枠はあっても有効に使っていなければ、先行投資という考え方なり言葉が社内に浸透していかず、新事業や新商品を生み出し続ける社風が、いつまでも築かれないからだ。

一方、先行投資をし続けるという風土が会社に定着すると、社員全員に「常に新しいものに挑戦しよう」という高いモチベーションが充満し、ひいては、高付加価値な事業なり商品なりを、将来にわたり開発し続ける企業体勢というのが自然と築かれる。

ゆえに、社長は「先行投資を怠っていたら、次の時代の発展はない。目の前の仕事だけではなく、将来の果実を得るために常に投資し続けるのだ」という強い意志を社員に伝えるために、足元の業績が良いときも悪いときも、先行投資の予算枠を毎期確保し続けなければならないのだ。

佐藤肇著「社長が絶対に守るべき経営の定石50項」より

［3—3］「勝つ経営」より「負けない経営」

収益力が高い理由はとても簡単。
儲かる商品だけをつくり、
儲かる客だけに売っているから。

　手前ミソで恐縮だが、わが社の特徴の一つは収益力が高いことだ。売上高営業利益率は14・7％（2018年12月期）。現在はいわゆるコロナ・ショックの影響で減収減益に見舞われているが、こうした危機にビクともしないのは、先代から受け継いだ高収益体質のおかげである。

　収益率が高い理由は簡単で、儲かる商品だけをつくり、儲かる客だけに売っているからだ。そんなの当たり前じゃないかと拍子抜けするかもしれないが、売上だけを遮二無二《しゃにむに》追っていると、案外この原理原則が抜け落ちてしまう。

　負けるかもしれないマーケットへは絶対に勝負に行かず、身の丈にあったマーケットを選ぶ。そして、市場全体が斜陽化して「負けるな」と思ったら、さっさと逃げる。要するに、「勝つ」ことよりも「負けない」ことを最重要視して経営をしていると、結果として長く、確実に儲けることができるのだ。

佐藤　肇「世界で戦う経営」CDより

［3―4］中小企業が勝てる市場とは

小さな池をたくさん探して、大きな魚を獲る。

中小企業が利益率の高い商売をするには、小さな池で大きな魚を狙わなくてはいけない。つまり、大企業が参入してこない小さな市場で、トップシェアを握る、これが価格の決定権をもつ商売をする重要な点である。

具体的には、市場規模は最大でも2000億円以下。そこで2割、できれば3割のシェアを握る。この基準を下回る商売には、絶対に手を出さないことだ。

市場規模が大きければ売上が伸びると勘違いする経営者も多いが、それは逆で、市場は小さければ小さいほど、ライバルが少なくなってシェアを獲れる。

わが社の売上の7割を占める工作機械事業にしても、ニッチな特殊機械のため全世界の需要を合わせても1500億円程度で、大企業は見向きもしない。競合は、ドイツ企業1社と日本の中堅企業2社と、全世界でわずか3社だ。

ここに経営資源を集中させてシェア3割を獲り、プライスリーダーになったからこそ、営業利益率15％の商売ができるのだ。

ただし、小さな市場に事業を限定すると、業績が大きく伸びていかないという問題がある。資金力のない中小企業は、新事業の投資を早く回収しないとカネが回らない。わが社が1962年に、たった年商2億円の頃から海外へ工作機械を売りに出たのも、日本の市場だけでは小さすぎて、設備投資の資金回収が間に合わなかったからだ。

当時、社内には一人も外国語ができる者はおらず、何のツテもなかったが、先人たちは徒手空拳《としゅくうけん》、海外のマーケットへと挑戦してくれた。そのおかげで、いまのわが社の高収益・実質無借金の体質が築かれているのである。

そして現在、わが社の海外売上比率は85％だ。狙うのはすき間のように小さな市場ばかりだが、世界中にあるニッチ市場をかき集めて、全体として約６００億円の年商を稼いでいる。

ちなみにわが社ではこれを「グローバル・ニッチ戦略」と呼んでいる。現在収益の柱となっている３つの事業は、どれもこの戦略にのっとって１００億円から大きくても２００億円程度の売上規模だ。

ここで私が言いたいことは、高収益体質にするためには身の丈にあった市場を選ぶことが第一であること。そして海外に出る戦略的な必然性があるならば、１０年後の高収益体勢のために、できるだけ早く着手せよということだ。

これからの日本は、少子高齢化と人口減少でマーケットは先細りが必至となる。日本だけで商売をしていてもやっていけるならば、無理して海外進出することはないが、それが難しいようならばリスクをとって挑戦すべきではないだろうか。

佐藤 肇「世界で戦う経営」ＣＤより

［3―5］生産拠点を選ぶ5大条件

海外で生産拠点を検討する5大条件は「インフラ」「体感治安」「対日感情」「労働争議」「税の優遇」

これから海外に生産工場を建てようと考えられている経営者に、私がこれまでの経験からつかんだ「最低でも20年、腰を据《す》えて商売ができる地域を選ぶ5大条件」を知っておいてほしい。

というのも、販売会社ならばその拠点で売れなければ簡単に撤退できるが、工場の設備投資は膨大なカネがかかるため絶対に失敗はできない。したがって、生産拠点選びについては吟味《ぎんみ》に吟味《ぎんみ》を重ねたうえで決断しなければならない。単に賃金が安いということだけで進出すると、必ず痛い目に遭う。

わが社において、その決め手となる1つ目の条件は、「インフラ」である。まずは、電気・道路・港湾設備などのインフラについて、しっかり現状を把握しておいてほしいのだ。

たとえば日本で停電は滅多《めった》にない異常事態だが、電力事情の悪いアジアでは日常のことだ。そこで工場に自家発電設備を入れるとなると、膨大な経費になってしまう。さらに、製品を工場から積み出す港まで運ぶ際の、道路事情や港湾事情も重要である。

条件の2つ目は「治安の良さ」、それも外務省が発表している「人口10万人当たりの強盗割合」などといった単なる集計・統計の治安情報ではなく、社長自身が現地で感じる治安を、私は重視している。

この体で感じる治安、すなわち「体感治安」と私が呼んでいるものは、たとえば空港や街なかで、思わずパスポートや財布に手が行ってしまうとか、身構えてしまうような、そういう不安を感じるかどうか、である。

大事な社員にそこで働いてもらうのだから、治安の良さは絶対条件だ。その大事な条件を満たしているかどうかは、やはり社長が自分の足と目で実際に「体感」していただきたいのである。

そのほか3つ目の条件は、「対日感情」だ。これまでの歴史で日本に対して悪い感情をもっている地域は避けたほうがよい。

4つ目の条件は、「労働争議の実態」。労働争議や労使紛争ばかりやって、操業が何度も止まるような地域はダメである。

そして5つ目の条件は「優遇税制のあり・なし」で、たとえば「製造業は5年間無税」といったように、国によって現地の雇用増のために、誘致企業への税制でいろいろな優遇措置がある。とくに新興国では、投資誘致策として、経済特区を設けて税制での様々な優遇措置が用意されているものだ。

以上、5つの条件を鑑《かんが》みて、候補地選定にあたっては、十分に研究しても し足りないことはないと心得るべきである。

佐藤　肇　著「社員の給料は上げるが総人件費は増やさない経営」より

台頭する新興企業に勝つための秘策は、「値札にないサービス」で付加価値をつけること。

いま、我々の競合は欧米のメーカーではなく、中国、韓国、台湾、東南アジアにいる。これらの国の製品が「安かろう、悪かろう」だったのはとうの昔の話で、製造技術力の勝負でみれば、もはや日本に優位性はないのである。

今後10年先を考えると、中国や韓国の企業はスペックや価格といったハードウェアの競争において、間違いなく日本メーカーを追い抜くだろう。

スター精密の工作機械にしても、性能における差別化競争はすでに限界にきており、新製品を発売しても、5年もすれば中国や韓国のメーカーが同じ性能で、より廉価《れんか》な製品を売り出してくる状況である。

そこで、わが社の工作機械事業は、ハードウェアではなく「値札にないサービス」で付加価値をつける、新しいビジネスモデルで勝負に出ている。

値札にないサービスの1つ目は、完璧なアフターサービス体制である。スター精密の工作機械は1台数千万円と高額のため、お客さんから不具合が出たと連絡をいただいた場合は、世界中どの地域へも、現地スタッフが36時間以内に修理に向かう体制を築いている。

そして、値札にないサービスの2つ目はビフォーサービス、つまり、まだ購入していない見込み客にも、手厚いサービスを施しているのだ。

たとえば、購入を検討している実際の機械で、試し加工ができるサービスというのがある。試し加工は2〜3時間程度ではなく、数日連続で機械を動かして、加工秒数が一定か、同じ精度を維持できるかなど、実際の機械で納得のいくまで試してもらい、見込み客の不安要素を解消してあげるのだ。

さらには、実際に機械を操作する見込み客会社のオペレーターに対する講習会も開き、長いときは1週間程度かけて丁寧に技術指導をしている。

もちろん、これらのサービスはすべて無償でやる。要するに、中国や韓国メーカーは製品の品質は急速に向上していても、こうしたソフトウェアサービスを実現できる体制はまだ不十分で、そもそも無償で手間暇《てまひま》がかかるサービスをやるという発想自体がない。

そこで、いまのうちにスター精密のブランドイメージを上げ、その評判でリピーターを増やし、価格競争に巻き込まれずに売上を伸ばしていく。さらに、サービス実施によって顧客接点を増やし、お客さんの様々な要望を吸い上げることで、世界各地のマーケティング情報を得る。こうした好循環によって売れる製品を開発し、収益力を高めていくことを狙ったものなのである。

製造業はモノ単体ではもう利益が出ない。アノ手コノ手で付加価値を高める、独自のビジネスモデルを構築しなければならない時代がきているのだ。

佐藤　肇「世界で戦う経営」CDより

［3―7］「良いモノ」とは「売れるモノ」

良いモノが売れるのではない。売れるものが良いモノだ。

恥を晒《さら》すようだが、わが社のいまの弱点は「マーケティング力の弱さ」である。商品の企画や開発、値決めをすべて日本の本社がやっているが、実際に顧客と接する現地の販売会社からは、「本社が売れというものは、世界の顧客ニーズとズレている」と厳しい指摘を受けることが多々ある。

これはわが社だけの悩みではなく、技術や開発の社員というのは、自分の得手の分野で商品やサービスを考えるから、お客さんの望むものと大きなズレが生じ、造り志向でミスをおかしてしまうことがよくある。

しかし、すべての開発判断の源《みなもと》はお客さんの欲していること、困りごとの解消でなければならない。ゆえに、「良いモノとは顧客の欲しいモノであり、売れるモノである」という視点をいかに開発者にもたせるか、目下、これがわが社の大きな経営課題の一つだと思っている。

佐藤 肇「決断の定石」ＣＤより

［3—8］マーケティング力を高める仕組み

顧客ニーズにあった製品づくりをしたいなら、技術・開発の社員を市場に送り込め。

本来、メーカーは商品力が第一であるが、その商品力を育てていくためにはお客さんのニーズをつかまなければいけない。顧客ニーズに基づいて技術開発、商品開発をやらなければ、結局は価格競争に巻き込まれてしまうからだ。

とくに、わが社は世界各国で販売しており、ヨーロッパもアメリカもアジアも、それぞれの地域によって市場はまったく異なり、当然、顧客ニーズも様々である。

そこでスター精密の技術開発員は、３０代のうちに1年半ほど海外の販売会社に放り込まれ、そこで外国人の営業マンと現場を回りながら、「こういうモノがお客さんに求められていて、値段はこれくらいが限界」という顧客ニーズを、とにかく皮膚感覚でいいからつかんでもらっているのである。

「百聞は一見にしかず」というが、とにかく売れる商品をつくるには、市場に人材をどんどん送り込む仕組みを、社長がつくらねばならない。

佐藤　肇「決断の定石」ＣＤより

［3—9］外国人社員の人心掌握

海外法人の従業員に「俺たちは、日本の社長に信用されている」と思わせるよう心を砕け。ただし、こちらは相手を信用してはいけない。

海外でビジネスを展開する場合に、端的にヒトの問題が大きな比重を占める。結論を言ってしまうと、現地法人のトップ以下、営業スタッフも現地社員を雇うこと。そして、彼らのモチベーションをいかに高めるかということにつきる。

わが社は戦略上、海外での販売は商社に任せず、海外販売会社を設立して直販体制を敷いており、責任者をはじめ、営業スタッフもすべて現地の人間を雇っている。

中国のように、人脈がないと商売ができない国では代理店を使っているが、基本的に各国で直販をしている理由は、商品知識をもった販売員が商品の魅力をきちんとお客さんに伝えてくれないと、売れない商品だからである。

高額な工作機械は、商社任せのカタログ販売ではやはり売れない。よって、見込み客の段階で丁寧なヒアリングを行ったり、試し加工をしてもらったり、機械のオペレーション指導をしたり、あるいは故障したときには36時間以内に修理にうかがったりと、手厚いサービスをやるのだが、これを外国人（日本人）がやるよりも、同じ言葉を話す現地のスタッフが行ったほうが、お客さんとうまくコミュニケーションがとれる。

そして大事なことは、現場に権限を与えることだ。何をするのもイチイチ日本の本社にお伺いを立てさせ、本社が上座《かみざ》で海外現地が下座《しもざ》というような態度では、当然ながら働く人のモチベーションは上がらず、成果も上がらない。

現地の責任者に日本人を置かないのも、「どうせ日本人しかトップになれない」――と思わせると、優秀な現地人が定着しないからである。

どんなに優れたビジネスモデルや戦略を考えても、実行する現地スタッフの頑張りがなければ決して成功しない。だから海外販社には、「日本の社長は俺たちを頼りにしている、がんばろう」と思わせることに、私としては心を砕いているのである。

ただし、信頼して権限を委譲するといっても、おカネだけは絶対に日本でコントロールしなければならない。給料用の預金はローカル銀行を使うが、取引に使う運用預金は日本のメガバンク以外は使わないし、ある一定以上のカネを動かすときは、本社の役員のサインが必要な仕組みにしている。

死んだ親父は常々、「海外支店の社員を、うまく騙《だま》せ」と言っていた。騙《だま》すというと聞こえは悪いが、要するに、文化も信条も違い、日常的に顔を合わせることも叶わない海外の社員に対しては、日本にいる社員以上に、巧みな人心掌握が必要だということである。

佐藤　肇「世界で戦う経営」CDより

［3―10］儲かる多角化の考え方

中小企業は、コブを人体の一部にするように多角化せよ。

多角経営について説明するとき、私はよく、新規事業をコブに見立ててお話しする。

人体（会社）というのは新鮮な血液（資金）が末端まで常に循環しているから健康体を維持できるのであるが、コブ（新規事業）に血液が回らなければ、当然コブは壊死《えし》する。問題はコブだけが腐る分にはまだよいが、コブが腐ることによって本体まで腐り始めてくるということである。

一方、新規事業が軌道に乗れば、ついにはコブが完全に皮膚の一部となり、会社全体のボリュームが増えることになる。

だから、新規事業には中途半端なことをせず経営資源を集中しなければならない。すなわち、安易な多角経営は厳に慎《つつし》むべき、かつ、常に高付加価値を目指して、儲かる新規事業に経営資源を注力せよということである。

佐藤　肇　著「社長が絶対に守るべき経営の定石50項」より

［3―11］新事業開発の時間軸

当たるか外れるかわからないものに
先行投資しているのだから、
商売は宝くじを買うのと同じ。

企業体力にもよるが、わが社では新規事業は3年赤字で撤退と決めている。「3年で見切りをつけるのは早すぎる」と思われるかもしれないが、3年で黒字化できなければ、利益に貢献できる期間が5年に満たなくなるからだ。

つまり、1年目と2年目は赤字で3年目にトントンにしても、4年目、5年目の利益はそれまでの累損に充てられる。そうなると、利益がプラスに転じるのは実際には6年目からとなるが、商品のライフサイクルは10年が限界で、結局は5年間しか利益に貢献できない。だから赤字は3年までなのだ。

とはいえ、「5年続けていれば、いまごろ大儲けだ」と、死んだ子の歳を数えたくなるような案件も、じつは何百件に1つか2つはある。しかし、新規事業は宝くじと同じだ。当たるか外れるかわからないのだから、カネと期限で上限を設けなければ、会社の健全性と収益性は保てないのである。

佐藤　肇「決断の定石」ＣＤより

[3—12] 新規事業開発を活性化する社内ルール

新規事業は期限と予算を設け、これを社内で徹底せよ。

新規事業について撤退のルールを設け、これを社長が遵守《じゅんしゅ》することは、社員のモチベーション管理のうえでも非常に重要である。

多くの中小企業においては、年功や業務の違いで処遇は変わっても、赤字部門にいようが黒字部門にいようが給料に差がつくことはない。そうなると、黒字部門の社員にすれば「あの新規事業部門は赤字続きで、会社の足をひっぱっている」とばかりにモチベーションが下がってしまうものである。

わが社では、「3年で黒字化しなければやめる」とルールを設け、これを遵守《じゅんしゅ》することで、こうした社員間の軋轢《あつれき》や不満が起こらないようにしている。

ちなみに「1年で黒字化しないとダメ」とやってしまうと、誰もチャレンジする気にならない。やはり将来の収益と社員のヤル気維持のちょうどよいバランスを保つには、「3年目に黒字化」というルールがベストなのだ。

佐藤　肇「決断の定石」ＣＤより

4　会社におカネを残す策

［4—1］経営者最大の心配事

普通に商売をしていたら、おカネが残らないのは当たり前。

経営者の心配や悩みの多くは、「おカネが足りるか」だ。「取引先に支払いができるか」「手形が落ちるか」「従業員に給料が払えるか」「きちんと納税できるか」…とくに中小企業にとっては切実である。

だから、普通に商売をしていたら、おカネが足らなくなるのは当然だということを経営者は知らなければならない。経営とは外部から材料を仕入れて、そこに様々なカタチで付加価値をつけて販売する。内部で付加価値を高めてくれる従業員や設備などもあらかじめカネを払って用意しておかなければならない。売るための経費もかかる。

しかし、その投資資金を回収できるのは、普通に考えれば売れた後である。つまり、どうしてもカネの「入り」より「出」が早くなるのだから、経営者が意識的にコントロールしなければ、会社におカネは残らないのである。

佐藤 肇「決断の定石」CDより

［4―2］借金に対する考え方

借金で会社が大きくなっても、それは真の実力ではない。

会社を儲からない体質にしている元凶は、とくに中小企業にとっては借入の金利支払いだろう。そう考えて間違いない。

借金の金利支払いがいかに利益の上昇にブレーキをかけているかを知るには、短期・長期の借入金、社債、割引手形の4つを足して、B／Sに記してある自社の総資本で割ってみればよい。

要するに、資金調達のうち金利を支払うおカネが何％あるかということであるが、この「金融調達」の比率が30％ある会社は、営業利益の1割、2割を金融費でもっていかれてしまう。規模が小さな会社ならば、3割以上が利息の支払いになることもあるだろう。

ちなみに、89年のバブル最盛期には日本企業全体の金融費比率の平均は40％だった。しかし、金融調達が40％、50％になると、付加価値の7％

も8％も金融費を払わなければならなくなる。

当然のことながら、社員は銀行に利息を払うために働いているのではない。しかも低成長時代においては、付加価値はそう簡単に伸びてはいかない。よって、少ない付加価値を金利支払いでさらに削るような愚《ぐ》は、何としてでも避けなければならないのである。

かつての高度成長時代には、「借金も実力のうち」と、借金によって手を広げ、事業を拡大していくことこそ、事業発展の定石のように言われていたときがあった。

大幅なインフレが続くことを前提にすれば、借りたときの1億円は返済時には実質4000〜5000万円、借金して設備したり土地を購入しておけば、高い金利を払っても十分に元が取れると多くの経営者が考えていた。

おまけに、必ず利益が出ていれば利子は経費処理できるから、借金しなければ損だ、とまで公言する経営者も少なくなかった。しかし、いまは違う。
これからは、社長としてB／Sの要点をはっきりつかんで、資金を効率よく回すことが一層大事になってくる。自分の失敗を、インフレ経済が帳消しにしてくれることを期待してはいけないのだ。

佐藤肇著「社長が絶対に守るべき経営の定石50項」より

［4―3］Ｐ／Ｌは体力、Ｂ／Ｓは体質

日々の資金繰りというのは、その会社の財務体質の結果を表している。

日々の資金繰りというのは、その会社のもっている財務体質の結果を表したもので、一朝一夕におカネが残るような会社になれるわけもない。私はこれを人間の身体にたとえて、「P／Lは体力、B／Sは体質」と言っている。

つまり、体力が落ちたときは栄養と睡眠をたっぷりとれば1日、2日で回復する。一方、体質の改善、たとえば肥満を解消するには3カ月や半年、場合によったら1年かけて、食生活や運動で少しずつ体重を落としていかなければ成功しない。

ダイエット経験者の多くが身に染《し》みておわかりのように、極端な食事制限をして急激に体重を減らしても、たいていはすぐにリバウンドしてしまう。要するに、売上は体力のようなもので、小売業などは出店さえ増やせば、売上を一気に伸ばせる。

しかし、会社の財務体質というものはそう簡単には直らない。たとえば在庫の削減ひとつとっても、いままで大量に在庫を保有していた会社が、営業になんの支障もなく、来年には在庫を半分に減らせるかといえば、それはなかなか難しい。

やはり、在庫が増え続ける原因を突き止めて、全社をあげて解決していくには相応の時間が必要である。しかし、直した体質は、それ以後の会社の確実な発展のベースになってくる。

そのために社長は、常に決算書からわが社の体質を正しくつかみ、実態が効率のいい経営となるように、なおかつ同時に、万全の健康な体質となるように、必要な手を逐次《ちくじ》打っていかなければいけないのである。

佐藤 肇 著「社長が絶対に守るべき経営の定石50項」より

4　会社におカネを残す策

[4—4] 売掛債権と資金の相関関係

売掛債権とは本物のカネではない。

多くの会社の運転資金は、代金の回収が遅くなると不足が発生する。ところが、売上にしか関心のない社長は、売掛債権の増加にさほど危機感をもたない。それはすなわち、「売掛債権は本物のカネではない」ということがわかっておられないのだ。売上が立っても回収されないおカネは売掛債権としてB／Sに記載される。「バカにするな、それくらい知っている」と反論されるかもしれないが、そういう会社にかぎって、売上欲しさに売掛債権のサイトを長くして、売れば売るほど資金繰りが苦しくなるようなバカなことをやっているではないか。

売ったものをすべておカネにする、これなら問題ない。理想的である。ところが現実はそうはいかないから資金不足が起こるのだ。

ゆえに、カネに困らない経営をしたいなら、売掛債権が増えると資金にどう影響するか、そういうことがピンとくるように勉強してもらいたい。

佐藤 肇 著「佐藤式 先読み経営」より

［4―5］回収が先、支払いが後

カネの「入り」を「出」よりも1カ月早めれば運転資金が足らなくなることはない。

必要運転資金を少なくするには、最低でも1カ月、資金の「入り」を「出」よりも早めることだ。私の経験則から言えば、この1カ月のサイクルの目安は、売掛債権の「回収率」が買掛債務の「支払い率」を5％上回ることで実現される。

自社の「当期回収率」というのは、当期に回収すべき「当期売上高」プラス期首の売掛残高（つまり、前期に回収できなかったもの）に対する、当期に回収できた回収高の比率である。

一方の「当期支払い率」は、当期に支払う「当期仕入高」プラス期首の買掛残高（前期に支払わなかったもの）に対する、当期に支払った支払い額の比率のことである。

この自社の回収率と支払い率を計算してみて、もし支払い率が回収率を上回り、その傾向が年々続いているようなら、それだけB／S右側の資金調達が増え、結局、金融のための金利が増えることにつながる。厳しい言い方をすれば、社長の怠慢《たいまん》で、社員が一所懸命に稼いだ利益を、無駄な金利支払いで減らしているということだ。

そこで支払い率の高い会社は、まず回収率を上げ、同時に支払い率を下げる方策を考えねばならない。ただし、回収率も支払い率も、すべての会社における絶対的な適正値というものはない。

そこで、どの会社にも共通する目安としては、資金繰りに1カ月の余裕をもたせるべく、回収率が支払い率を常に5%上回るようにすればよいのである。

ちなみに、この回収率と支払い率に5%の差を設けると、1カ月分の資金余裕が生まれるという法則は私の経験則から導きだしたもので、学問的な裏付けはない。

しかし、実際に自社の回収率や支払い率を試算してみれば、この法則のとおりになるはずだ。

計算の詳しい解説については拙書『先読み経営』をご参照いただくとして、大事なことは自社の回収率や支払い率の適正値を社長が知らずにいるかぎり、営業部長に回収改善の指示を出したり、資材の担当長に支払い条件の改善を具体的に指示できないということである。

回収と支払いの改善は、取引相手あってのことだから一朝一夕にはいかない。時間がかかることだ。だからこそ、社長が自社の適正値を知り、これを部下と共有して、支払いサイトの長い仕入れ先の取引を増やすとか、現金や前受金取引の仕組みをつくれないかなど、執念をもって策を講じてほしいのである。

佐藤肇著「佐藤式先読み経営」より

［4―6］在庫は罪子《ざいこ》

在庫が増えて倒産した会社はあっても、
在庫を減らして倒産した会社はない。

日々の資金繰りを楽にしたければ、とにかく在庫を極限まで減らすことだ。売掛債権の回収は取引先あってのことだが、在庫削減は自社だけで進められるのだから、一番取り組みやすい運転資金の改善策は在庫削減である。

しかし、売上にしか興味のない社長は「在庫がないと販売機会を損失する」と言って、キャッシュを在庫として寝かせたまま、資金繰りに余計なおカネを借りて、余計な金利を払っている。まったく、これでは会社におカネを残すどころか、ザルで水をすくっているようなものである。

品切れして倒産した会社はない。在庫が多くて倒産する会社は星の数ほどあるが、その逆はない。事実、わが社がリーマンショックの影響で85億円の大赤字を出しながらも、現預金の減少をわずか6億円に抑えられたのも、64億円分の在庫を1年間で圧縮したことが大きな要因である。

佐藤肇著「佐藤式 先読み経営」より

［4―7］付加価値基準で考える

どうせもたなければならないのであれば、「儲かる在庫」を優先的にもちなさい。

　自社の在庫が多いか適正かを考えるとき、「年商の何カ月」とか「仕入高の何カ月」という見方をしている会社が多い。これは大きな間違いだと言いたい。とくに売上増イコール利益増が成り立たない低成長時代に、売上の2カ月分あるいは3カ月分まで在庫をもっていても安全だという考えでいると、黒字倒産になりかねない。これは、人件費や経費についても言えることだ。

　したがって、自社の在庫回転率の適正は「付加価値（売上総利益または粗利益、加工高とほぼ同じ）に対して何カ月分をもっているか」で判断すべきである。

　在庫適正値は付加価値の4カ月分である。理想は在庫ゼロだが、現実的には無理だ。そこで「儲かる在庫」を優先的に、たとえば、付加価値率60％の在庫Aと30％の在庫Bを、利益率に合わせて2対1でもつというように、付加価値率を基準に「儲かる在庫」をもつのが、一番合理的な在庫の方針である。

佐藤　肇　著「佐藤式 先読み経営」より

［4―8］わが社の適正在庫

どんな商売でも、付加価値の4カ月以上の在庫は過剰在庫である。

私が主宰する経営塾では、「在庫というものは建設業をのぞき、業種業態、規模の如何《いかん》を問わず、付加価値（売上総利益）の4カ月分が適正だ」と申し上げている。どんな商売でも、1カ月の付加価値に対して在庫が4カ月分あれば支障はないはずだ。言い換えれば、メーカーだろうが流通だろうが小売だろうが卸だろうが、4カ月以上は過剰在庫ということである。

最初は異口同音《いくどうおん》に「ウチは特殊な商売だから例外」と言う塾生に、各社の付加価値に対する在庫の割合を計算させてみると、不思議なことに在庫過多の会社というのはみんな、付加価値の6～7カ月と、同じような数値となる。

さらに、在庫を1カ月減らすと金利がいくら減るか計算してもらい、指導し続けると、時間はかかったが十数社すべて、4カ月分に減らすことができた。「余分な資産の減少は余分な金利の減少」がわかると、社長は真剣になるものである。

佐藤 肇 著「社長が絶対に守るべき経営の定石50項」より

［4—9］一円を大切にする社風

一円も無駄にしない社風をつくるために会社のお札に2色の色を塗る。

手元《ても と》にムダな現金をおいて借金をするくらい、バカなことはない。しかし、手元《ても と》の現金を一日でも普通預金に入れておけば、このカネがいくらかでも利息を稼いでくれる。

たとえば、皆さんの会社の回収口座はほぼ100%当座であろうが、これを手形決済以外の回収をすべて普通口座に切り替えるように、あるいは、手形の決済が終わったら次の決済日までの間も、こまめに当座から普通に移しておくようにと、社長が経理に指示するのだ。

手形や小切手の決済日は月に1回、多くても2回、それも決まった日に落ちるのだから、決済前日に必要なカネを入れておけばいい。しかも、現在はインターネットで口座の振り替えが簡単にできるのだから、銀行に出向く必要もない。決して手間がかかることではないのだ。

ここで私が言いたいことは、「会社のお札に２色の色を塗れ」ということである。つまり、金利を稼がなくてもいいお札と、たとえ一日でも金利を稼ぐお札に、会社の現預金を色分けして管理してほしいのだ。

私は、会社のＢ／Ｓ科目にある「現金・預金」のなかで、金利を稼がなくてもいいものを「手元現預金」とわざわざ区別し、「現金は本社で５０万円、国内各支社は１５万円以上は置かない」とルール化のうえ管理している。

小売業やサービス業などいわゆる日銭商売を除き、ほとんどの会社は多額の現金をもつ必要はない。給料が日払いなんて会社はないだろうし、公共料金も事務消耗品も月末払いだ。会社で毎日現金を用意しておく必要があるものといえば、接待雑費と少額の交通費程度である。

よって、利息を稼がない手元現預金は、年商２０億円以下の会社なら「日商分」、年商20億円以上の場合は「日商の半分の金額」を限度とするというように、社長として明確なルールを決めることである。

もちろん一日分の受取利息はわずかな金額ではあるが、大事なことは、こうしたきめ細かなルールを徹底させることで、「一円も無駄にしない」という社長の執念が、社風となることだ。

スター精密は、接待は数店の指定店でツケ払い。国内出張の新幹線はすべて回数券、ガソリン代は給油券を支給している。社員全員そうさせているし、もちろん会長の私もこれにしたがっている。

社長が「細かくて、バカバカしい」と思えば社員はそれに倣《なら》うし、社長が率先して「会社に一円でも多く残そう」と執念を燃やせば、全社員がそのような姿勢で各自の仕事に取り組むようになるのである。

佐藤　肇 著「佐藤式 先読み経営」より

［4―10］固定費は社長決裁

「ヒトの採用」と「設備の導入」だけは、どんなに少額でも社長が決裁すること。

わが社では、ヒトの採用と設備の導入に関しては、すべて社長の決裁を要する仕組みにしている。それは、設備もヒトも、20年、30年と関わりあうもので、景気が悪くなったからといって簡単に手放せないからだ。

したがって、設備投資はわが社の年間予算30億円分、数十点に及ぶ一つ一つすべてを社長がチェックする。ヒトの採用についても同様に、時給1000円以下のパートもすべて社長決裁だ。しかも、電子決済のようなワンクリックではなく、紙の申告書をわざわざ作って慎重にやる。

上場企業のトップが、時給3ケタのパートの採用までチェックするのかと驚かれるかもしれないが、機械設備の導入とヒトの採用については、きっちりとした一定の基準値をもち、その基準値の範囲内でやれるかどうかを社長自身が見ていかないと、カネは自然と消えてなくなっていくのである。

佐藤　肇「決断の定石」CDより

［4—11］設備投資の基準

耐用年数の7掛けでモトが取れない設備投資はやらない。

設備投資の可否をどのように決めるかについて、わが社では「耐用年数の半分、最低でも7掛けでモトが取れるか」を基準にしている。

たとえば、工場長から「1億円の旋盤を入れたい」といった設備投資の申告が出た場合、耐用年数が10年の機械ならば7年以内に1億円分の省力化ができる機械ならば承認。あるいは、この旋盤を導入すれば不良率が2%下がり、この2%は金額に換算すると7年で1億円以上になるならば承認する。機械の細かい性能はわからなくても、社長はこの一点を押さえればよいのだ。

償却期間が10年で資金の回収も10年かかるようでは、資金調達にかかった金利すらカバーできない。よって、減価償却が終わるよりかなり早めに投資を回収し、回収したその利益を使って新たに投資するというのが、ROAを高める経営の要諦なのである。

佐藤肇「決断の定石」CDより

［4―12］投資リスクを最小化する

多額の設備投資には、「経営の踊り場」を設けよ。

投資リスクを最小化するために、設備投資において守るべき数値に、「固定比率100％」というのがある。

固定比率は、固定資産に投資した資金が、どのくらい自己資本で賄《まかな》われているかを表しており、要するに、土地・建物、機械設備など、固定資産への投資は高額で回収に長期間を要するため、返済義務のない自己資本で賄《まかな》われている状態（固定比率100％以下）が安全ということだ。

とはいえ、事業には「攻め時」がある。このときに意識してほしいのは、固定比率が基準値を大きく上回った場合は、土地など一部を除いた固定資産は減価償却されるのだから、必ず一定期間をかけて比率を適正に戻す時間をつくるということだ。

つまり、守るべき比率を超すことがあっても、矢継ぎ早にイケイケドンドンで拡大するのではなく、その山を均《なら》してほしいということである。

バブル景気の最中《さなか》に安直な借金で過剰な設備投資をして、その後の景気低迷に不良資産を抱えながら10年苦しむ企業が何社もあった。こういう企業の二の舞を演じないためには、上昇した固定比率を正常値まで戻す間に、「投資に見合う利益が上がっているか」、「景気や受注先の動向はどうか」と確認し、必要があれば追加の投資をしていくという慎重さをもつことだ。

要するに、攻め続けるのではなく、登ってはいったん立ち止まる、いわば階段の踊り場のような期間を意識的に設けることが、一番安全な設備投資のやり方なのである。

マラソンでも、最初からハイペースで行ったら後半息切れしてしまう。世界記録保持者のトップランナーというのは、いきなり速く走ったり遅くなったりせずに、変動が少ない緩やかなペースアップで最後まで走りきるそうだ。
実力以上の力を出し続けると、途中で絶対におかしくなる。経営というのは、焦るといいことがないと心得るべきである。

佐藤肇著「佐藤式 先読み経営」より

［4―13］易きに流れるなかれ

必要以上に長期の期間で借入をするな。その時間的余裕が経営を甘くする。

設備投資に長期借入をする場合の鉄則として、必要以上の期間で借入をしてはならない。たとえば、5年で回収すべき設備投資の長期借入を、返済期間5年ではなく、10年の約定で借りるようなケースである。

大方《おおかた》、融資担当者から「5年で毎年2000万円ずつの返済は結構きついですよ。御社なら特別に10年金利1・5％のところ、1・2％で融資します」などともち掛けられ、ホイホイと応じてしまったのであろう。

毎年2000万円ずつの返済が1000万円でいいと言われると、何やら得した気になるが、何のことはない。無駄な金利支払いが増えるだけだ。

もし、5年で返そうと思っていても、10年の猶予があると経営はどうしても甘くなってしまう。したがって、5年でモトを取る長期計画を立てたのなら、借入も必ず5年の約定で借りるべきである。

佐藤　肇「決断の定石」ＣＤより

[4—14] 銀行対策の基本

銀行対策の基本は、銀行がカネを貸したくなる会社にすること。

私の経営塾でこれまで千社以上の会社の決算書を見てきたが、自社の資金需要をあきらかに超えた、不要な借金をしている会社が決して少なくない。

なかには年商の半分もの額の借金をもつ会社もあり、とくに銀行が強い時代に資金で苦しんだ経験をもつ経営者は共通して、「銀行が有利な条件をもってきたから」「いざおカネが必要になったときに、銀行が応じてくれないと困るから」「貸してくれるときに借りておく」という考えをおもちのようだ。

しかし、近年の超低金利をみればおわかりのように、銀行は焦げつく心配のない優良企業に、じゃんじゃんおカネを貸したくてしょうがないのである。

よって、今後は明確な用途や目的のない多額の借入をして銀行にいい顔をしなくても、銀行が貸したくなる優良会社になるほうが、必要なときに必要な額を有利な条件ですぐに融資してもらえる。そういう時代なのである。

佐藤　肇「決断の定石」ＣＤより

［4—15］確かな返済計画とは

銀行が「どうか借りてくれ」と頼みに来るのは、B／Sの長期計画をもつ会社だけである。

銀行借入に際して、返済期限は銀行との約定ではなく、自ら決めるものだ。言い方を変えれば、確かな返済計画をもたない借入は厳禁すると言いたい。

ここで言う「確かな返済計画」とは、「毎期いくら売り上げて、いくらの利益を出すから、それを返済に充てる」というP／L計画ではない。売上の増減という、最も不確実な要素が基礎になっているP／L計画だけでは、まったく具体性も実現性もないからだ。

そうではなく、「設備はどの程度増やすのか、土地は買うのか」と、事業計画に沿って5年先までの資金需要を把握し、「その資金を銀行から借りるなら長期・短期どちらがいくら足りないのか」と見積もり、「返済の原資は在庫を減らすのか、売掛期間を短くするのか、はたまた預金を使うのか」など、そのほとんどを社長の意志で実行できるB／S計画に基づき、「毎年いくらずつ、これくらいの期限で返済します」というのが「確かな返済計画」なのである。

きちんとした返済計画を作成することで、長期かつ無計画に利息を払い続ける無駄がなくなる。

何よりのメリットは、融資条件の優遇につながることだ。貸す側に立てば当然であるが、返済能力があるのかどうかわからない高リスクの会社には、いろいろとリスクヘッジをかけることになるし、多くのリターンが見込める融資先は優遇する。

実際に、私の塾で長期B／S計画書を作成し、これをもって融資の相談に行った社長のほとんどは、「こんな素晴らしい計画をおもちなんですね」と感心され、融資審査なしで何億円もの融資を受けたり、以前の借入金利より

0・3％下がるなど、銀行から優遇されるようになっている。

したがって今後、資金導入については、しっかりとしたB／S計画を社長がつくり、この返済計画に基づいた約定で、銀行からお金を借りるという習慣をつけていただきたい。

佐藤　肇　著「社長が絶対に守るべき経営の定石50項」より

［4—16］有事の経営心得

景気後退局面で先行きが見えないなかでは、最悪の事態でキャッシュがいつまでもつか、予測バランスシートをつくっておけ。

景気後退局面に社長がまず第一にやるべきは、わが社の資金の把握である。

たとえば、2020年の前半にコロナ・ショックが起こり、経済回復の見通しがまったく立たないなかで、私は地元の若手経営者らに、「この状態で最悪のシナリオを考えたときに、いつまでキャッシュがもつかを計算しておきなさい」と助言した。

というのも、コロナウィルスの感染リスクを下げるためには、人が動き、接触することを避けなければならない。いわば「何もできない状態」である。

したがって、とにかくこの状態でどれくらい売上が落ちるか、そして減少する売上プラス手持ちの現預金で経費を賄《まかな》う場合、いつまでキャッシュがもつかという予測B／Sを、まずはつくってみなければならない。

なぜなら、会社は赤字でも倒産しないが、キャッシュが詰まれば一晩で倒産するからだ。ご自分の会社の生死に関わることなのだから、社長は最悪の事態となっても何とかなるように、何をおいても真っ先に、資金の実態を見通しておくべきなのだ。

予測B/Sは、現時点から最低でも1年半から2年後までシミュレートしておくとよい。もちろん、終息が早いことが読めるようなら不要だが、先行きが不透明なケースは2年後まで見通すべきである。

コロナ・ショックのときはとりあえず1年半後まで、2020年7月から12月までの6カ月を「フェーズ1」、翌2021年1月から6月までを「フェーズ2」、7月から2021年末までを「フェーズ3」とし、6カ月ごとの3つのB/Sをつくり、キャッシュがつながるかを確認した。

とにかく、こうして予測B/Sをつくってみると、有事に際して自社の盤石な財務のありがたみを痛感する。

今回のコロナ・ショック以前にも、これまで幾度の景気後退局面を経験してきたが、わが社スター精密には日本人全従業員の給与、賞与、退職金3年分の現預金があるということが、私にどれほどの心強さをもたらしたか、計り知れない。

危機に際して不安がる社員たちを前に、「3年売上がゼロでも君たちの雇用を守るカネが、わが社にはある。絶対に会社は潰れないから、安心して一緒にがんばってくれ」と力強く宣言できたことは、会社におカネを残す経営に徹し続けた努力に対する、大きなご褒美だと思えてならないのだ。

佐藤 肇「社長の決断と全社統率」CDより

5　処遇と人件費

［5―1］人件費の改革

社員個々の給料は上げるが、人件費の総額は下げよ。

売上も利益も右肩上がりに伸びていく経済成長期が終焉《しゅうえん》を迎えたいま、固定費の大部分を占める人件費の増加は、そのまま収益の圧迫につながる。

しかし一方で、いくら経営環境が厳しくなるからといって、人件費をただ抑えればよいというものではない。

昨今、「ブラック企業」の話題がマスコミに取り上げられている。経営のコスト要因だけをみて、「使い捨て」と呼ばれるような人の用い方をして利益を追求するやり方が、世間から指弾されているが、私には、そういう会社は一時の繁栄に終わって、数年先の存在も危ういように思われてならない。

そこで社長には、ある意味で単純な、しかも過去のやり方にこだわらない発想が必要となってくる。

その一つの発想は、社員個々の給料は上げるが、会社の人件費は総額で下がる方策を考えられないか、ということである。

「いま100人の社員でやっている仕事を、半分で同じようにできる仕組みをつくれたら」、あるいは「100人でやっている仕事の儲けを倍にできたら」…、このように単純に考えてみることで、「社員の給料を上げ、同時に会社の増益も達成する」という、悩ましい経営課題の明快な解決策が見えてくることがある。

賃金原資の効率的な分配や増員計画だけなら、人事や総務担当長の仕事である。しかし、これは社長にしかできない仕事だ。

いかなる時代にあっても、社長は「最小の人件費で最大の利益を稼ぎ出し、同時に、社員の処遇を高めてさらなる増益に結びつける責任者」であり、「固定費としての総人件費の抑制」と「社員一人当たりの人件費の引き上げ」を矛盾なく両立するために、全体の事業計画とリンクさせて、総人件費をコントロールしなければならない。
そのためには、自社の人件費総額の「中身」と「質」について早急に見直し、具体的な手を打つことだ。文字通り、会社の生き残りをかけて「人件費の革新」が迫られているのである。

佐藤肇著「社員の給料は上げるが総人件費は増やさない経営」より

［5―2］中小企業の賃金の鉄則

中小企業の賃金は、「もともと少ない原資を、少ない人数で分ける」のが鉄則である。

中小企業の賃金は、「もともと少ない原資を、少ない人数で分ける」のが鉄則である。ここに、中小企業経営の面白さがある。

もし予定以上の利益が出たら、少ない人数で分ければ、1人の分け前は大企業のサラリーマンの比ではない。だからやりがいもある。ところが、小さなパイを大勢で取り合えば、社員の生活の向上など望むべくもない。

この鉄則に則れば、中小企業は「仕事を増やして人を増やそう」という発想を、もう捨てるべきなのである。パイを大きくするため増益を狙うには、増員もまた必要な場合もあるが、昨今の厳しい経営環境のなかで安易に人を増やすと、意図した利益が出なくなった途端に企業体力を一挙に弱めかねない。

人を増やさず儲からないものを捨てれば、売上は減っても利益率は上がり、会社におカネが残る。増員して売上を伸ばすより、よほど楽に経営できる。

佐藤　肇「決断の定石」ＣＤより

［5―3］ 経営の情と理

社長と社員のホンモノの信頼関係は、経営の「情」と「理」のベストミックスから生まれる。

私は、社長と社員のホンモノの信頼関係は、経営の「情」と「理」のベストミックスから生まれると考えている。

中小企業の社員の力を最大に発揮させる要因は、「この社長のもとで働いていれば、一生安心だ」という信頼感である。この信頼感に給料という形で具体的に報《むく》いることが何よりも大事なのだ。

だからといって、情に流されて安易に賃上げをしても、数年先には利益を食いつぶして会社の存続そのものを危うくしかねない。

「経営はバランス」とよく言われるが、処遇と人件費においても、固定費としての人件費総額の抑制と、社員一人当たりの人件費の引き上げとが、社長のアタマのなかで矛盾なく組み込まれていなければならない。

佐藤 肇 著「社員の給料は上げるが総人件費は増やさない経営」より

［5―4］総人件費を膨らませないモノサシ

社員の待遇改善が
社長の思いつきにならないために、
「人件費係数」を明確に把握せよ。

社長が社員の処遇に対して「情」と「理」のベストミックスを実現するツールとして、「人件費係数」をおすすめする。

人件費係数とは、人件費総額を月額給料の総額で割ったもので、給料に換算して何カ月分の人件費総額を、社員の待遇のために支払っているかを示す指数である。

たとえば、給料12カ月分に対して、福利手当(住宅手当や家族手当など)を0・2カ月分、賞与4カ月分、退職金1カ月分、福利厚生費(慶弔金、誕生日会などの費用)0・21カ月分、これらに法定福利費(労災保険、健康保険、厚生保険)1・75カ月分を加えて19・16カ月分となれば、人件費係数は19・16だ。

どのくらいの人件費係数が適当かは、一概に言えない。世間水準の給料を前提にあえて言えば、大体が19〜20前後におさまっているのではないだろうか。つまり、自社の総人件費を考えるときは、給料月額のおよそ19カ月分の人件費を要するということを、頭に入れておかなければならないということである。

皆さんの会社の人件費係数の推移は、どうであろうか？　過去5年間の人件費係数を算定してみて、もし下がり続けていれば、特殊な理由がないかぎり、社員の待遇が悪化していると考えなければならない。

逆に、人件費係数が上がったということは、社員の待遇改善に結びついたということである。

しかし人件費係数が上がるということは、社員数が同じなら人件費総額がモロにアップするというシビアな面があることも、決して忘れてはならない。

すなわち、人件費係数は社員の待遇改善を計るモノサシであるとともに、社長が総人件費を膨らませすぎないための経営のモノサシでもある。

人件費係数がたとえば18だから、何となく情緒的に来年から20にするなどという安易な対応は、絶対にやってはいけない。そうしないと、社員の待遇改善という情に流されて、肝心の総人件費が野放しになり、収拾がつかなくなってしまうからだ。

そうならないためには、ここ数年の人件費係数の推移を正しく把握して、これから5年かけて社長としてどう改善していくか、事業計画の目標利益範囲内で、中長期の人件費計画にまとめることである。

結論として、5年間でせいぜい1カ月アップをメドにすべき、というのが私のアドバイスだ。思いつき経営は、厳に慎むべきである。

佐藤肇著「佐藤式 先読み経営」より

［5―5］自社の適正人員枠

社員の適正数は「労働生産性」が決める。

社員の生活向上や待遇改善を考えるとき、経営の「理」として重要なことは、社員一人当たりの稼ぎを増やさないままに人を増やし、給料を増やしていったら、会社は間違いなく人件費倒産に追い込まれる、ということである。

そうならないためには、「社員一人当たり、いくら稼いだのか」ということを、きちんと把握しておかなければならないことになる。そのモノサシが、「労働生産性」である。

労働生産性＝年間付加価値÷平均社員数

労働生産性は、平均社員の数で年間付加価値（売上総利益または粗利益）を割ったものだ。「平均社員数」とは、期首人員と期末人員を足して2で割った、その年度の平均人員数である。つまり社員一人当たり、いくら付加価値を稼いだかという数字だ。

ここではっきりさせておきたいことは、労働生産性のアップを無視して、社員の待遇改善も増員も何もあったものではないということである。儲けが多ければ社員も増やせるし、待遇の改善もできる。しかし、過剰な社員を抱えておいて待遇改善を考えるなど、百害あって一利もない。当たり前のことだが、多くの社長が、この当たり前の理屈を忘れている。

先の算式を変形すれば、

平均社員数＝年間付加価値÷労働生産性

となり、社員の適正数は、年間付加価値と労働生産性からおのずと決まる。

つまり、労働生産性は、「あなたの会社は、儲けの割に人数が多すぎる」「儲けに対して、過剰あるいは割高な人員を配している」と教えてくれる指標なのである。

言うまでもなく、会社は、ボランティア組織でもなければ、仲良しクラブでもない。会社は、自らの力で付加価値を稼いで、それを人件費というカタチで社員に分配する。

「自助努力」が企業経営の原則だ。そのためには、「労働生産性の把握なくして、人件費のコントロールなし」である。

佐藤 肇 著「社長が絶対に守るべき経営の定石50項」より

［5—6］目標労働生産性の設定

労働生産性は、昇給率の2倍を目標とせよ。

「自社の収益改善のため、労働生産性の目標をどのように立てればよいか」とお悩みの経営者は、直前期の労働生産性に、今後5年間の昇給率合計の2倍を掛けた数値を、5年後の目標労働生産性としていただきたい。

つまり、社員の給与を社長の希望通りに上げたいのならば、少なくとも、その2倍の伸びで労働生産性を高めていかなければならないということだ。

昇給率が3％アップなのに一人当たりの儲けも3％アップでは、会社は成り立たない。だから、社員の給料が毎年3％ずつ上がるなら、社員はその2倍の付加価値を稼いでもらうことが義務となる。

とはいえ、労働生産性は昇給率の2倍を目標とせよと言うと、「2倍とは、目標として高すぎるのではないか」と驚かれる方もいる。しかし、これは十分に達成可能な数値である。

たとえば、年間の昇給率目標が1・5％の会社ならば、労働生産性の目標値は、5年後の昇給率7・5％の2倍、すなわち15％のアップだ。

「労働生産性15％アップ」というと非常に高い目標に思えるが、単純に案分すれば、1年で3％ずつ労働生産性を向上していけばよいことになる。年間3％のアップは、私の経験からしてそれほど難易度の高い目標ではない。

これを、毎年10％、20％ずつ上げろと言えば、社員は「社長、それは無理ですよ」となる。

しかし、「お前たちの給与を毎年1・5％上げていきたい。そのためには、どうしても達成しなければならない目標なんだ。それに、予定外の儲けが出たら、その分を必ず賞与で還元するから」と話せば、「よし、3％ずつなら何とか達成できそうだ。そのかわり、社長も俺たちの給料を約束通り上げてくださいよ」と社員も頑張ってくれるはずである。

経営とは、厳しいものである。社員を甘やかして経営がうまくいくなら世話はない。やはり、社員に経営の厳しさを理解させたうえで、積極的に協力してもらう。そのかわり、協力に対しては大いに報いてあげる。

この相関関係を前提として初めて、中小企業の労働生産性向上は成り立つものだと確信している。

佐藤肇著「佐藤式先読み経営」より

［5―7］本当のリストラとは

「労働生産性の向上」が先、「増員」は後。

これからの時代、増収増益、つまり売上を伸ばし、同時に利益も伸ばすような教科書的経営は、並大抵なことではできるものではない。よって、売上が期待通りに伸びなくても、「増益」だけはしっかり確保する経営が要求されることになる。

そういうなかで労働生産性を高めるには、①年間付加価値を増やす、②平均社員数を減らす、③その両方をやる、の3つしかない。

そして、①のキーワードは、仕事の徹底的な見直し、つまり「事業の再構築＝リストラ」、②のキーワードは、人の徹底的な見直し、つまり「組織の再構築＝リストラ」と「人件費の変動費化」である。

つまり、社員の生活向上を考え、同時に自社の事業繁栄を願うならば、社長として自社の「リストラクチャリング」と「人件費の変動費化」に強くならなければならないということだ。

これまで強気一辺倒で成功を収めてきた社長なら、「そんな弱気な。儲かる新規分野にどんどん進出していって、売上拡大を図るべきだ。そのために必要な人員を積極的に投入していかなければ、増益どころか、縮小均衡になってしまう」と反論されるかもしれない。

お説もっともだが、これまでのように向こう見ずでやっていたら、必ず痛い目にあうことになる。儲けの薄い商品、成長率の低い分野で事業を続けたままでの新規拡大策は、自殺行為に等しい。

儲からなくなっている仕事は捨てる。そうしておいて、余った人員を有能なものから優先的に、現在の儲け頭の事業や力を入れるべき事業に重点的に再配置するべきだ。

ここで労働生産性が上がって、初めて、増員も待遇改善も可能になると心得るべきだ。あくまで「労働生産性の向上が先、増員は後」である。

労働生産性が下がっているのに、増員や待遇改善などという虫のいい話は、民間会社である以上、できない相談だ。これは事業経営の鉄則である。

佐藤　肇　著「社員の給料は上げるが総人件費は増やさない経営」より

［5―8］要員計画の誤解

「要員」計画は、「増員」計画ではない。

多くの会社では、「要員計画」と言わずに「増員計画」としている。社員は減らすものではなく増やすもの、という前提だ。しかし、労働生産性を高める体質を築くためには、増員を考える前に、まず正社員の減員を考えるという姿勢を貫くべきだ。「人をむやみに増やさない」という原則を貫くことが大事である。

ところが、現実には、仕事もないのに、とりあえず人を採用するという乱暴な会社がいまもって少なくない。もし退職者が出ようものなら、条件反射のように補充採用をしてしまう。しかも、若い社員は頼りないからと、1人どころか2人同時採用する例もある。

これでは、いつまでたっても社員構成の質を変えられない。

佐藤 肇 著「佐藤式 先読み経営」より

［5—9］経理部長が定年退職したら

銀行の支店長に、中小企業の経理部長は務まらない。

経理・総務をみていた部長が定年退職したが、かわりがいない。困った困ったで、金融機関に相談したら、待ってましたとばかりに余剰人材を紹介してくれる。ところが高給を払って三顧《さんこ》の礼で迎えた人材が、職場に馴染《なじ》まない。よくあるのは、取引先の信用金庫の支店長を自社の経理部長にと迎える例だ。しかし、銀行の支店長に帳簿つけから何から、細かい経理実務はできないため、中小企業の経理部長はとても務まらないのだ。

これは営業部長でも工場長でも同様である。大企業と中小企業とでは仕事の仕方が違うのだから、大企業をスピンアウトした人間を中小企業に迎えても、残念ながら8割方はうまくいかないのである。

ゆえに、自社に見合った働きをしてくれる幹部は、若手の頃から時間をかけて社内で育てていくことが、一見遠回りに見えるが最良の道である。

佐藤 肇「決断の定石」CDより

［5—10］労務構成の質を変える

給与の高いベテラン社員が退職する場合こそ、人件費を減らす最大のチャンス。

どこの会社にも言えることだが、高給をとっている社員の定年退職やベテラン社員の退職は、社員構成の質を変える絶好のチャンスである。ところが、退職者が出たら人件費を減らすチャンスだと考える社長は、意外に少ない。

部長が定年で辞めるとしても、少なくとも3年くらい前から後継者を育成するか、若い人でもこなせる仕事の仕組みを用意しておけば、何も高い給与を払ってヨソから引っ張ってこなくても十分に間に合う。そうすれば、部長と若い社員の給与差額がそのまま人件費の原資増となる。

つまり、売上利益が期待通りに伸びなくても、労働生産性を高めることのできる体質を築くためには、「その仕事を、若い正社員の登用でまかなえないか」「正社員ではなく、契約社員でまかなえないか」「社外委託・嘱託委託できないのか」などなど、慎重に検討すべきである。

佐藤 肇 著「佐藤式 先読み経営」より

［5―11］人事の基本ポリシー

地位が人をつくる。ポストが空いたら、どんどん若手を登用せよ。

わが社では、ベテランの社員が退職したら、若い戦力に置き換えることを、第一に考える。人件費抑制の面からだけでなく、組織は平均年齢が上がると、ロクなことがない。

私の人事における基本的な方針は、「地位が人をつくる」だ。ポストを上げてやれば、自然とその地位に見合う人間に育つ。

若者には成長の伸びしろがあり、馬力もある。だから、経験不足を懸念せずに、どんどん若手を登用すればいい。それが組織の活性化につながり、業績の向上を成し得る。

それでも、「やはりそれなりの業務経験がある人でないと」と心配ならば、「非常勤顧問」という手がある。

まず、将来の幹部候補となるような優秀な若手を選んで、その部の次長にする。そして、大企業の部長職を定年退職した人物に頼み込んで、非常勤の顧問につけるのだ。だいたい月に2回、15～20万円程度の月給を払えば、不足はないはずだ。

彼には若い次長と定期的に打ち合わせをさせ、「方向はこれで間違いないからこれでやりなさい」、あるいは方向が違うと、「軌道修正しなさい。こっちへもう少し人を入れて、仕事を急がせないと後で困るよ」と新米次長の力不足を補助してもらい、事業全体に対するアドバイスをしてもらう。

こうすれば、中小企業では逆立ちしても得られないような素晴らしい能力の持ち主が、極端に安い費用で戦力になってくれる。若い次長にしても、現場の進行には口出しされないからむしろノビノビできる。良いことずくめではないか。

あるいは、有能な経営コンサルタントを活用する手もある。コンサルタントに2カ月に1度会社に来てもらい、アドバイスを受ける。多少の料金の違いはあるだろうが、高卒の初任給18万円に賞与を加えた年間260〜280万円の顧問契約で、有能なコンサルタントも戦力に加えることができる。

2カ月に1回会社に来てもらって、朝から夕方まで経営を診てもらえば、右も左もわからない新入社員の何倍もの働きをしていただけるはずだ。

いずれにしても、高給をとっている部長が退職したら、人件費削減の面からも、若手社員本人のキャリアアップの面からも、組織の活性化の面からも、チャンスが来たと思うことである。

佐藤 肇「決断の定石」ＣＤより

［5—12］パート活用の実際

「10トンの金型の変更を女性パート社員が楽々やっている」

人手不足が恒常化するなかでは、安くて有能なパートや再雇用シニアといった労働力を、もっと積極的に活用すべきである。

私の会社の例では、かつてピーク時に女子社員が213人いたものを、漸次《ぜんじ》パート化していって、5年後に96人にまで減らしていったことがある。その分、もののコストがぐーんと下がり、付加価値の増加分を人や設備に再配分して、会社の勢いをさらに増した経験がある。

いまは、経理部門でもパートの方に活躍してもらっている。「よく経理をパートに任せられますね」と驚く方もいるが、この頃では経理部門をそっくり外注化する大会社もある時代だ。

要は、パート活用の仕組みづくりの問題ではなかろうか。いまはパートにも正社員ほどではないにしてもボーナスを支払っている。パートの人件費係数は18を超えている。

それでもパート切り替えによる、付加価値増の波及効果は、業種業態にかかわらず、十分検討するに値するものだ。

ヨソでこういう話をすると、「それはおたくのような細かい商品だから女性パートでいけるんだ。うちみたいな何トンもの大きいものをつくっていると、パート化なんて、とてもとても」とすぐに反論である。

わが社は中国の大連に690トンの機械を動かしている工場がある。そこの作業者は全員女性だ。これまでは危険で重くて男でもつらかった、5トンから10トンもある金型の変更を、女性がやっている。

それは女性でもできるようにと、クレーンやテーブルを工夫して、機械の力で重くて大きいものでも操作できるようにしてあるからだ。作業者はネジをしめるだけ。

もちろん、よその国だから男でもつらい仕事を女性にやらせているわけではない。仕事を単純化し、作業環境を変えていく。そうすることによって、これまでの常識ではパート化が考えられなかったものが、パートでできてしまうのだ。要するに社長の執念の問題である。

とにかく、これからはパート社員に対する考え方を、根本的に考え直すことである。パート社員を繁忙期のクッションとして採用するとか、雑用に使うだけでは、宝の持ち腐れになってしまう。

パート社員のもっている能力をフルに活かすことのできる仕組みと上手な運用のやり方を、皆さんの会社にもぜひ確立していただきたい。

佐藤　肇　著「社長が絶対に守るべき経営の定石50項」より

［5―13］思いつき人事は厳禁

人事に拙速《せっそく》は、最悪。

こと人に関する制度の改革には、十分な時間をかけることだ。「人事に拙速《せっそく》は、最悪」と、ぜひとも心得ていただきたいのである。

社員にヤル気を求め、長く勤めてもらいたいと、「よかれ」と思ってこれまでの人事制度を変えたり、賃金体系に手を入れたりする。しかし、思いつきで事を急ぐと、かえって逆効果になることは多いものである。

たとえばいま、少子高齢化や人口減少といった経営環境の変化により、企業は従来の賃金カーブを見直す時期に来ている。わが社でも役職者にかぎって55歳で役職から退いてもらう「55歳役職定年制」を設けているが、その導入と運用は、社員の生涯にわたる生活安定を保障すべく、30年前から複合的かつ着実に進めてきたものである。

簡単に説明すると、わが社の賃金体系は、部長職や課長職は56歳から定年までの5年間、給与が2割から3割減るよう設計している。ただし、中高年社員のモチベーションが著しく低下しないよう、独自の早期退職者優遇制度も設けている。

これは、45歳で勤続年数が20年以上の退職者には、退職金のほかに25カ月分の給与と同額の特別退職金を支給するという「転身支援制度」であり、最大で3500万円ほどの退職金となる。

45歳といえば、気力体力ともに新しいことを始めるのに遅すぎるということはない。55歳で役職定年を迎えて賃金が下がることがあらかじめわかっている状況で、別の道を歩みたいという者にはできるかぎりの経済的援助をしてやりたいという想いから、55歳役職定年制の実施と同時に、この転身支援制度も始めたのである。

さらに、転身支援制度の20年前から実施している「持ち家支援制度」もある。銀行との提携による低金利融資を用意し、社員のほぼ100％が55歳までに住宅ローンの返済が終えられるようにしているのだ。

これらの複合的な制度によって、「56歳から給料が減って生活費に困る」というような社員は出てこない。もちろん、こうした処遇は長い期間をかけてコツコツと内部留保を厚くしてきたからこそ、可能になったことでもある。

要するに、まずは、人に関する「将来のあるべき姿」をしっかり見定めることだ。そのうえで、理想像に着実に近づけるために毎年達成すべき目標を具体的に決め、長期計画として明示する。

これこそが、社長のやるべき人件費コントロールの要諦である。

佐藤 肇 著「佐藤式 先読み経営」より

［5—14］ 11通りの雇用形態で対応する

人件費をうまくコントロールするために「正社員か、パート・アルバイトか」という単純な採用をしないこと。

できるだけ人を増やさずに、付加価値を伸ばしていくためには、人を採用するにしても、「雇用の多様化」について十分に研究して、「正社員か、パート・アルバイトか」という単純な採用をしないことだ。

わが社ではいま、じつに１１通りもの雇用形態を設け、年齢や職能レベルによって、きめ細かく処遇を変えている。

たとえば、正社員ではあるが有期契約の人を「スタッフ社員」と呼び、無期契約の正社員と違って退職金がないかわりに、毎月の給与に退職金月割り換算分を加えて支払うが、おおむね正社員の給料の８掛けに退職金相当分を加えて、正社員の９０％の給与としている。

そのほか、パート社員も年齢や職務の違いで処遇を変えた「準社員Ａ」と「準社員Ｂ」に区分し、アルバイトについても５５歳までは「契約社員Ａ」、

56歳から60歳までは「契約社員B」、61歳以降も継続雇用を希望する方は65歳までを「契約社員E」と区分している。

一般に、全員が全員、生涯雇用の正社員になりたがると思われるかも知れないが、介護や子育てでフルタイム勤務の難しい人、あるいは専門職の仕事が好きな人たちは、「無期契約の正社員にどうか」とすすめても、「いや、いまのままがいいです」という人たちも意外に多いのである。

こうした正社員以外の方々に気持ちよく、能力を活かしてイキイキと働いてもらうために一番大事なことは、「同じ仕事を、正社員と同じ職場で同時にやらせない」ことである。たとえば、30歳の正社員（月給30万円）と38歳のパート社員（月給20万円）が、机を並べてまったく同じ仕事をしているならば、問題化して当然だということである。

正社員には、日報作成や営業努力や残業義務があるが、パート社員にはないというように、必ず差がなければならない。

また、パート社員やアルバイトに「安い給料でヤル気を出せ」というのもムリな注文だ。賞与もそれなりに支給し、入社初年度から有給休暇が認められる制度も設けている。

要するに、雇用を多様化して人件費をコントロールしていくためには、従来のような「正社員か、パート・アルバイトか」という単純な労務管理ではなく、誰もが納得できる賃金・人事の制度が必要になるということだ。

そのうえではじめて、「正社員30歳で30万円／スタッフ正社員27万円／準社員20万円／契約社員14万円」というように、人件費をコントロールすることが可能になるのである。

佐藤　肇　著「社員の給料は上げるが総人件費は増やさない経営」より

［5—15］5年後の自社の人件費

来年の人件費ではなく、5年後の人件費をつかめ。

毎年、春闘の頃になると、「佐藤さんのところでは、いくらにするの？　何％にしたの？」と聞いてくる経営者が必ずいらっしゃる。

業績好調であればベースアップを物価上昇以上にはずんで、「いい会社に勤めたものだ」と社員から言われたいのは山々だ。とはいえ、今年はどうする、来年はどうするではなく、「自社の現在の人件費が、5年後にいくらになるか」を考えている社長は、ほとんどいないのではないだろうか。

ここで、自社の5年後の人件費を試算してみよう。仮に、社員100名で総人件費が年間5億円の会社があったとして、昇給や社会保険の負担増などで年2％ずつ人件費がアップしていくと、5年後の総人件費は5億5200万円となる。

社員を1人も増やさなくても、5年間で自動的に約5000万円も人件費が増えてしまうのである。この2％の賃上げという数字の重みは、5回電卓を叩き、自ら人件費を計算してみた社長にしかわからない。

経営で一番大事なことは、会社の今後を大きく左右するような数字を社長として正確に把握し、常に頭に入れておくことである。そうすれば、事業経営の方向性を間違えることなど絶対にない。

5年後の人件費を試算することによって、何もしなければ加速度的に増え続ける人件費に対して、どのような手を打つべきかという発想と創意工夫が、社長であるかぎりひとりでに出てくるはずである。

だから、これをきっかけに「正社員を臨時雇用者で代替した場合、定期昇給率や人件費係数を変えた場合…人件費はどうなるか」と、条件設定をいろいろ変えて、自社の内実にそった5年後の人件費を試算し、具体的な実現計画を立ててみることだ。

その場合に単年度計画はありえない。人件費の変動費化ひとつを取り上げても、半年や1年でできることではない。労働生産性の向上にしても、人件費係数の引き上げにしても、3～5年間の期間を見て計画しなければ実現は不可能だ。

必然的に、3～5年間の中・長期計画とならざるをえない。事業の再構築を成功させ、社長の従業員に対する処遇のポリシーを具体的に実現させるためには、それなりの期間が必要である。

であれば、いつまでもダラダラしている猶予《ゆうよ》はない。「気づいたいまが、計画を立てる最高のチャンス」と思うことだ。

佐藤 肇 著「社員の給料は上げるが総人件費は増やさない経営」より

6　社長の姿勢

［6—1］朝令暮改とブレない軸

「ブレない」朝令暮改《ちょうれいぼかい》、おおいに結構！

先行き不透明なこの時代において、少しの状況変化でも「現状のままでは失敗する」と思えば、すぐに前言を撤回して新たな方針を打ち出す姿勢を、社長にはもっていただきたい。「朝令暮改だ！」との社員の反応を気にしているようでは、変化が激しいビジネスの世界では生き残っていけない。

ただし、同じようなケースで判断が現状維持だったり方向転換だったりすると、「社長は思いつきで経営している」「どうせまた変わるかもしれない」と、社員の動きはどんどん鈍くなってしまう。

大事なことは、「あるべき理想」「目標とするゴール」をあらかじめ社員に明示したうえで、戦略を修正する際には、常に自らが定めたロジックに従い、指示を出すことだ。そうすれば、どんな朝令暮改でも社員は前向きに捉えてくれる。

変化に柔軟であるためには、変化しない「ブレない軸」が必要なのである。

佐藤 肇「決断の定石」CDより

［6―2］失敗を隠すな

社長は自《みずか》らの失敗をさらけ出す勇気をもとう。

多くの社長は、自分の失敗を認めたくない。社長は完全無欠だと装《よそお》いたい。そうでないと部下に示しがつかない、と考えている。しかし、これは大きな間違いだ。社長は、自分の失敗をさらけ出す勇気をもつべきである。

とくに一寸《いっすん》先は闇と言われるいまの時代は、間違ったとわかったらすぐに前言を撤回し、軌道修正できる力量が社長には必要だ。間違ったとわかったら「〇〇という理由で最適と思った決断だったけど、やってみたら間違っていた。ごめん！」と部下に謝り、新たな決断と実行を繰り返せばよいのである。

トップが潔《いさぎよ》く失敗を認め、謝る姿勢は、必ず社員にプラスの影響を与える。「組織風土はトップの言動がつくる」とはよく言われることだが、失敗を恐れずにチャレンジする社風、ミスを隠さず認め合い、リカバリーする健全な自己治癒《ちゆ》的組織力が備わってくるのである。

佐藤　肇「決断の定石」ＣＤより

［6—3］経営は「365歩のマーチ」

6割の勝算があれば挑戦する。

私は部下によく、「6割OKだと思ったら、もうアクションしなさい、行動しなさい。あとは工夫次第で何とかなるから」と言っている。

もちろん、一か八かのバクチ経営は許されるものでないが、不確実性の時代において、どんなにきちっとデータを集め予測しても、100%確実というところまでやるのは、そうそう無理な話である。

それよりもアクションしながら軌道修正を入れる、朝令暮改が入るという前提のもとに、とにかく挑戦することのほうがはるかに重要であり、そう思ったらアクションもしやすくなる。

経営は「365歩のマーチ」だ。止まらずに3歩歩けば、2歩下がっても1歩は前進している。どんなに視界が悪くとも、社長ならば常に歩きながら考える姿勢を、崩してはならないのだ。

佐藤 肇「決断の定石」CDより

［6―4］最悪を想定すると会社は良くなる

人間は性善説で、経営は性悪説で。

経営を性悪説で、つまり悪く見通しておくと、人を性善説で捉《とら》えられる。たとえば新規事業にしても、担当者が「4年で1億円の利益が出ます」と言ったら、「いや、利益は半分でいいよ」「そんな焦《あせ》らずやれ」と必ず返している。

社長が良い結果しか想定しないと、100点以下の結果の場合、「70しかできなかったじゃないか」と部下を追い詰め、叱ることになってしまう。最終的に、誰もチャレンジしなくなり、会社は衰退していく。

しかし、社長が常に経営を性悪説で考えていれば、「50でいいと言ったのに20も目標を上回ってくれたな、頑張ったね」と、部下を誉めてやれる。

つまり、結果は同じ70でも、経営を性悪説で見て50でよいと考えていた社長は社員を誉め、成長を支援することができる。部下の欠点ばかりに焦点を当てるリーダーに、人はついてこないのだ。

佐藤　肇「決断の定石」CDより

［6—5］先を予測する理由

計画は外れるからこそ意味がある。

儲かる会社になる第一歩は、社長が明確な経営ビジョンをもつことである。5年後、10年後の会社のあるべき姿を描き、その姿に少しでも近づくように、いま何ができるかを考えて確実に手を打つ、これが大事なことだ。

そうすることなしに、その日その日のなりゆき経営では、儲かる会社になるわけがない。こう申し上げると、「来年の為替《かわせ》も読めないのに、5年先の経営計画など無意味だ」と思われるかもしれないが、それは違う。

5年先までの計画をもつからこそ、うまくいっているかいないか、予測とのギャップがわかり、その差を埋めるための有効な策をいち早く講じられる。

とくに、不確実性の時代は最も厳しい計画を作成して、日頃から緊急時の対応を考えておく必要がある。状況が変わってから準備を始めたのでは遅い。

計画は外れるからこそ意味があると捉《とら》え、常に準備をしておくことだ。

佐藤　肇「決断の定石」ＣＤより

［6―6］孤独になる覚悟

自分の会社のことは自分で決めろ。相談者に求めるべきは、ヒントだけ。

社長業をやるうえでいちばん覚悟しなければならないことは、孤独になることだ。会社におけるすべては社長の責任である以上、経営判断を他人に委《ゆだ》ねることはできないからだ。

ゆえに私は、経営については誰にも相談せず、すべて自分で決めてきた。数冊の著書を上梓し、佐藤塾という経営勉強会の塾頭を務めている身でありながら、こんなことを言うのもナンだが、どんな立派な経営者の意見でも、業界も年齢も置かれた状況もすべて違ううえでの、その方の意見にすぎない。ゆえに、他人の意見は参考程度にとどめるのがいちばん良いと思っている。

本音を言えば、誰かの意見に従って失敗したときに、相談した相手のせいにしたくないのである。私は自分がデキた人間ではないとわかっているから、決断を他人に委《ゆだ》ねない。後悔しないように、そう決めているのだ。

佐藤 肇「決断の定石」ＣＤより

［6―7］自らの勘を信じる

数字ではじくコンピューターと、経験や直感で判断する〝カン（勘）ピューター〟を同時に駆使する。

経営計画はとことん悲観的に考えるのが、私の危機管理術と前述したが、しかし何を根拠に最悪の事態を予測するのかと問われると、これはもう長年の勘としか言いようがない。

ただ、どんなに客観的な数値を集め徹底的に分析しても、確実な決断というものはない。よって経営者は、客観的な数字をもとに論理的に考え抜きながらも、最後は己の勘を信じて決断を下すことが大事なのではないか。

大事なことは「楽観的に考えないこと」、そして「どんなに先行き不透明でもとにかく自分なりに決断すること」の2つだ。この2つを守りながら経験を積んでいけば、自然と頭のなかのカンピューターの精度は上がっていくはずである。

佐藤　肇「決断の定石」ＣＤより

［6—8］先憂後楽の心

「やらなくてはいけないこと、嫌なこと」を先にやりなさい。

嫌な情報こそ大事にして、優先的に取り組むことができるかどうかは、社長が将来を的確に読むために欠かせない心得のひとつである。

わが社の週休二日制導入は１９７０年。さらに、５５歳から６０歳へと定年制の延長を実施したのも、１９８０年前半だ。これは６０歳定年制が大企業で施行される５年以上前であり、非上場企業ではおそらく一番乗りである。

週休二日制も定年延長も、収益の面から見ればやりたくないというのが、経営者としては正直なところだ。稼働日が減り、労務費が上がるのだから、生産性を上げなければならない。難しい課題であるから、先延ばしにしたくなる。

しかし、どうせ避けて通れぬのならば、いち早く着手すれば時間に余裕をもって策を講じられる。経営者は「先に苦労しておけば、後は楽しいことばかり」という心持ちで、嫌なことに先んじて取り組んでいってもらいたい。

佐藤　肇「決断の定石」ＣＤより

［6—9］情報への接し方

経営者が、情報やデータを鵜呑《うの》みにするほど怖いものはない。

これまで通用していた前例が通用しない事態が増えている昨今、社長は「自分の頭で考える」ことを面倒くさがってはならない。

私は提供された情報をそのまま鵜呑《うの》みにしたり、多数派の意見に流されることを避けるために、「必ず情報を深掘りする」、そして「提供された情報よりも悪くなると予測する」ことを常に意識している。

たとえば、景気の現状と先行きを予測する日銀短観《たんかん》に、「これから景気は10落ちる」と書かれていても、「10落ちるといっても業種の差があるから、内訳はどうなっているのか」と調べたり、「他の情報も総合的に見て、20落ちても大丈夫な計画を立てよう」という具合に、提供された情報をもとに考え抜く。

自分の頭で考える労力を惜しむと、結局は「あっちのニュース、こっちのデータ」と右往左往し、挙句《あげく》は前例踏襲《とうしゅう》しかできない経営者となり果てるからだ。

佐藤　肇「決断の定石」CDより

［6―10］現場に無理を強いるなかれ

自分のできないことを部下に押し付けてはならない。

社長が自分のできないことを部下に押し付けると、不思議なことにそれは天に唾を吐くように、自社に悪い結果をもたらすことになる。

たとえば、リーマンショックやコロナショック時のように、急激に市況が悪化したときに「とにかく売上を確保してこい」と、社長が現場に無理を強《し》いたとする。

需要が急減しているにも関わらず売上を上げろと追い詰められた営業員は、客先に出向いてこう言うはずだ。「社長が予算必達しろとうるさいので、2割引きにするので買ってください」、「本当なら90日手形ですが、180日手形で結構です」。決算月なら、「来月、返品してくれて結構ですから」…。

売上は上がるだろうが、肝心の利益は削《けず》られ、キャッシュフローは悪化する。現場に無理をさせると、結局は、自分の首を絞めることになるのだ。

佐藤肇「決断の定石」CDより

[6—11] 数字を用いる効用

自分の考えを常に数値化する習慣をもて。

社長は、自分の考えを数値化するクセをつけるべきだ。このことは、社長の壮大な夢や野望を確実に実現するために、どうしても必要なことである。

数字は、社長の夢と現実との差を明らかにし、実現可能な裏付けをもった「計算された未来ビジョン」へと変えてくれる。もっと儲かるように、絶対に潰れない会社にしたいと願うなら、自社のＲＯＡ、現金比率、在庫回転率、売掛債権の回収率と買掛債務の支払率などを把握し、さらに数値を改善する具体策を理解していないと、無借金も高収益体質も単なる願望か寝言ということになる。

あるいは、社長の経営方針を全社員に正しく理解させるためにも、数字は必要となる。「売上を上げるように頑張ってくれ」という方針と、「売上は１２％増とする」という方針の明確さの違いは、説明するまでもないだろう。

佐藤　肇　著「社長が絶対に守るべき経営の定石50項」より

さて、ここで読者にプレゼントがある。

会社の方向性を見誤る決断をしないため、経営者が押さえるべき「自社の決算書から求められる10の経営分析表」を、希望者にご提供する。

わが社は儲かる体質か、儲からない体質なのか。万一のときにどの程度の抵抗力があるのか、虚弱体質なのか。その要因は何か。

これら自社の実態を正確につかむために「収益性」「健全性」「成長性」「生産性」、「資金調達」「運転資金」「付加価値の配分」「人件費」の適正を分析する方法と、佐藤式経営オリジナルの分析表である。

ご興味のある方は、左記の専用サイトURLからデータをダウンロードして、ご利用いただきたい。

次のＵＲＬにアクセスしてご請求ください。折り返し、ダウンロードに必要なＩＤとパスワードをメールでお送りします。ダウンロードは、スマホではなくＰＣをご利用くださいますようお願いします。

https://jmca.jp/form/decision

［6―12］会社の「アクセル」と「ブレーキ」

「やろう」はみんなが言えるが、「やめよう」を言えるのは社長だけ。

会社にはアクセルとブレーキがあり、アクセルはたくさんあって社員全員が同時にふかすことができる。景気が良くなって注文がたくさん入ってくると、「さあ作れ、さあ売れ」とみんながいっせいに頑張ることは、それほど難しいことではない。

一方、売れなくなったときに踏むべきブレーキは一つしかない。なぜなら、踏めるのはトップ一人だけであるからだ。１００売れると計画して、ヒトもモノもカネもつぎ込んだものが６０しか売れないと予測できた段階で、「やめる」と決断することは最終責任者である社長にしかできないことだ。

現在のようにパイが小さくなり需要が縮む時代には、自社の何を捨てるか、それをいつ実行するかが非常に重要になる。ブレーキをかける意思決定は嫌なものだが、それをやることこそ大事な経営者の仕事なのである。

佐藤 肇「決断の定石」ＣＤより

［6―13］価格と需要・供給の関係

商売は常に、裏と表の両面で考えよ。

商売を平面的に、ある一面からしか見ないと、経営判断を間違えることがある。その最たるものが、売り手と買い手、需要と供給の関係である。

リーマンショックの影響で、世界中が突然不況に陥ったときに、多くの会社で売上が急減した。わが社も例外ではなく、リーマンブラザーズ破綻のわずか2カ月後、主力の工作機械が8割減という事態となった。

しかし、需要がないにもかかわらず、ここで無理に売ろうとすれば、価格を下げなければ売れない。需要が戻ったら値戻しすればよいと考えるかもしれないが、一過性では済まず、それが市場価格になってしまう。だから私は「作らず、売らず」で、需要が回復するまで決して無理に売ることをしなかった。

商売は需要と供給、売り手と買い手の天秤が釣り合ったときに初めて、双方の欲求が満たされる。裏と表の両面で考えなければならないのだ。

佐藤　肇「社長の決断と全社統率」ＣＤより

【6—14】社長は環境整備係

社長の「知りたがり」と「やりたがり」は百害あって一利なし。

中小企業の社長に見られる良くないケースの一つに、何もできないのに全部を知りたがり、「俺が、俺が」とやりたがるタイプがいる。これでは部下がヤル気を損ない、業務も滞《とどこお》る。でしゃばる社長は百害あって一利なしだ。

謙虚さをなくし、権力をふりかざして社内を混乱させている社長は、一度じっくりと、「社長の仕事とは何か」を考え抜いてみればよい。そうすれば、「自分にできることは驚くほど少ない」ということにおのずと気づくはずだ。

社長にできることは限られている。売上を左右する肝心のお客様に、社長は直接的には何もできない。社長がお客様一人一人に会って営業することはできないし、商品をつくることもできない。

それではお客様に影響を与えられるのは誰かといえば、それは社員にほかならない。お客様と直接に接しているのも社員だし、良い商品をつくるのも、良い接客をするのも、逆に悪い印象を与えるのも、働く社員たちである。

だから、社長がお客様を大事にしたかったら、お客様に接する社員を大事にするしかないのである。すると、良い循環が起こる。社長が社員にいい影響を与えると、社員はすばらしい商品をつくったりサービスを提供してお客様に良い影響を与える。

その働きかけにより、お客様は自社の製品を買ってくれたりサービスを利用してくれて、会社の売上利益に良い影響が出る。上場している会社であれば株価が上がり株主が喜ぶ。そして株主は社長に良い影響を与えるという循環である。

そういう良い循環をつくり、業績を上げていくことが社長の仕事であり、そのために社長が徹すべきは、会社の「環境整備」係となることだ。

唯一、お客様に影響を与えられる社員の処遇をできるだけ高め、だからといって甘やかさずに、一所懸命教育する。それが環境整備係の仕事である。リーダーは権力をふりかざして「俺が、俺が」と主役になろうとしてはいけない。むしろ、組織を下から支えるものというのが私の考えである。

佐藤　肇「決断の定石」ＣＤより

［6―15］信念より執念をもて

たとえお化けになってもやり遂げるという「執念」が社長には必要だ。

私は「信念」という言葉よりも「執念」という言葉を大事にしている。私に言わせれば、信念は尊敬している偉い人から説得されると簡単に変わってしまう、頼りないものである。一方、執念はお化けになっても変えない、変わらないものだ。何やらおどろおどろしい言葉であるが、困難にもあきらめず挑戦し、社員の心をとらえ、必ずやり遂げるためには、たとえお化けになってもやり遂げるという、執念こそが大事なのである。

ただし社長には、執念だけでは危ないという面もある。思い込んだら一念、あらゆる妥協を許さずやり抜く心と、しかし経過をみて、「これは危ない」と判断したら即座に撤退を指示できなければ、経営はできない。

これは口で言うほど簡単ではない。しかし社長には、矛盾した2つのことを頭に入れて矛盾を感じない、老練《ろうれん》でしたたかな対応もまた必須なのである。

佐藤 肇 著「社長が絶対に守るべき経営の定石50項」より

［6―16］社風こそ社長自らつくるもの

社長の「器」以上に、会社は立派にならない。

社風というものは社長がつくる。とくに中小企業は、社長の一挙手一投足が社風をつくるというのが、疑いもない事実である。

その最たるものが、社長のカネの使い方だ。たとえば、社長が平日の昼間から毎週のようにゴルフに興じ、その領収書を経費で落とすような公私混同を日頃から行っていれば、それを見ている部長は月に2回は同じことをするし、その部長を見ている課長は月に1回…と、五月雨《さみだれ》式に社長と同じことをするのは当然である。

しかし、これがそのまま社風になったらとんでもないことだ。社長がやるなら私もオレもで、あそこの会社はちょっと問題だね、などと得意先や仕入先の噂となり、会社の信用はガタガタに落ちてしまう。

会社は社長の生き写しであり、社長の器以上に、会社は立派にはならないのだ。

佐藤 肇 著「社長が絶対に守るべき経営の定石50項」より

［6―17］経営者が求めるべき「道」

人の道に通ずる、経営の「道」を自らに築け。

昔の剣術は、現在まで剣道として残っている。柔術も柔道として、弓術も弓道として残っている。一方、忍術は忍道として残らずに廃《すた》れた。その違いは一体なんだろう。

私はこう考える。現在に残っているものはすべて、達人たちのたゆまぬ精進《しょうじん》によって、人の道に通じるところまで切磋琢磨《せっさたくま》されたからだ。一方の忍術は、邪の心に支配され、それゆえ忍道にまで昇華《しょうか》できず廃《すた》れたのだろう。

経営もまた同様である。社長が、経営というものを単なるカネ儲けのツールと捉えて手練手管《てれんてくだ》に溺《おぼ》れると、会社を永続させることは到底できない。

世のため、従業員のためと、社長が人として正しいことをやっていくことで、会社は自ずと良いものになっていく。社長が自らの器を磨かぬかぎり、会社というものも決して発展してゆかないのだ。

佐藤 肇 著「社長が絶対に守るべき経営の定石50項」より

7

事業承継と会長業

［7―1］同族企業の真の強み

同族企業の強みは、先代の「想い」が引き継がれるところ。

少子化で後継難が目立つが、中小企業はやはり同族承継がいちばん良い。株式の相続や金融機関との信頼関係維持がスムーズなど、理由はいくつもあるが、そもそも私財を担保に入れて、文字どおり、身も心も会社と一体化する覚悟をもつことは、並大抵ではない。

その点で、同族後継者は帰属意識が違う。朝な夕なに事業のロマンを語り続け、家に箸も茶碗も置かないほど、会社の発展に心血を注ぐ父親の背中を見て育てば、「親父の会社を俺の代で潰してはならない」という漠然とした宿命意識が、十代のうちから芽生える子息が育つ。

じつは、私の息子もスター精密の一員である。大学卒業後に入社し、現場で様々な経験を積ませ、２０年目にしてやっと執行役員となった。

その息子がかつて、入社式の前日、私に宛てて初めて手紙をよこしてきた。

「拝啓　佐藤肇様
自分自身の甘えを断つためにも、明日からは父と呼びません。
しかしながら、僕には創業者であるおじいちゃんの血と、
会社の発展に人生の全てをかけているお父さんの血が流れています。
ふたりの血を受け継いだ僕だからこそ、スター精密を愛する気持ち、
スター精密をもっと良い会社にしたいという思いの強さは、
他の誰にも負けないつもりです。
ふたりの血が流れていることは、僕の誇りです。
その自負を胸に、僕はこれからスター精密で一所懸命やります。
そしていつか、あなたの一番信頼できる部下に成長してみせます。
それが、２２年間育てていただいた恩返しになると信じているからです」

親ばかと笑われることを承知で息子からの手紙を披露《ひろう》したのは、「会社を愛し、従業員を大切にする」という創業者のＤＮＡが親子３代にわたり伝承されていく、同族企業の強さをお伝えしたかったからだ。

かつて私は親父の社葬で、「人生でも仕事でも、父を一番尊敬できたことが幸せです」とスピーチしたが、こんな幸福を味わえることは同族承継ならではの良さだと実感している。

従業員にしても、同族が継ぐことで、トップが代わっても会社のＤＮＡは変わらないという安心感をもってもらえる。

だから、息子がいなければ娘でもよい。子供がいなければ、いとこでも姪でも甥でもいい。とにかく、血のつながりのある者に会社を継いでもらうことが最良だと、私は思う。

佐藤　肇「決断の定石」ＣＤより

「ウチの会社で3年頑張ってみて、肌に合わなかったら辞めていいぞ」と言われたからこそ、親父の会社に入ってみようと思えた。いま思えば、あんなに上手い誘い文句はない。

父親としては息子に後を継いでもらいたいのだが、肝心《かんじん》の息子にまるでその意思がない。後継難で一番頭を悩ますのがこのケースである。

じつは私も例外ではなく、大学卒業後は東京のデパートに就職するつもりだった。しかし、オイルショック不況の就職難であえなく夢破れ、親父に「卒業しても行くところがない」と相談したのだ。

そのときの親父の返答はこうだ。「それならスター精密で3年働いてみればいい。肌に合わないと感じたら辞めてもいいさ」「ウチはこれから上場して、ますます発展する。お前がすんなり継げるような会社ではないが、創業者の息子であれば社長になれる可能性は他の誰より高い。恵まれた環境だぞ」。

結局、親父は一度も「継げ」と懇願《こんがん》も強制もしなかった。にもかかわらず、私は自らの意思でわが社を選ぶよう、じつに巧みに仕向けられたようだ。

佐藤肇「決断の定石」CDより

［7—3］譲る側の責務

自社は、「継いだ子供が幸せになれる会社」か？

子供に事業を継がせるつもりの社長が覚悟しておくべきこと、それは、「託《たく》された子供が幸せになる会社に育てる」ということだ。

私はこれまで一度として、「親父の会社に入らなければよかった」と感じたことはない。第一志望の就職先に入れず不本意ながらの入社であったが、週休二日で賞与もあり、入社してすぐに「親父はいい会社をつくったな。会社がもっと発展するように俺も頑張ろう」と決意したことをいまでも覚えている。

言うまでもなく、子供の人生は子供自身のものであり、親のものではない。それでも親の切な願いを汲《く》み、「会社を継ぐ」と子供が言ってくれるなら、いまにも潰《つぶ》れそうなボロ会社というのでは申し訳ない。

継いでくれる子供が幸せな会社にしておく。厳しいことを言うようだが、これは親としての責務だと肝に銘じて、来《きた》るべき日まで頑張ることだ。

佐藤 肇「決断の定石」CDより

［7—4］後継者の育て方

後継者は20年かけて自社で育てる。

　新卒でスター精密に入社した私が、取締役社長室長として親父のそばで仕事ができるようになったのは43歳のとき、入社から20年後であった。入社し最初の10年は、社内の情報システムや資材調達、生産管理、総務や経理など、いわば国内の仕事を経験した。特別扱いはされず丁稚奉公《でっちぼうこう》。もちろん私に不満などあるわけなく、おかげで同期らと仲間意識を共有できた。

　そして次の10年は韓国の馬山《マサン》、中国の深《シン》セン・大連《ダイレン》と、海外工場の開設と閉鎖の仕事を経験した。海外の生産工場は、早い時期から海外に軸足を置いてきたわが社の〝本丸〟、つまり、最も重要な「現場」である。ここで厳しい仕事をやり遂げ、しっかりと実績を積めというのが親父の意図であった。

　20年自社で厳しく育ててやれば、それなりの経営者には育つものだ。落下傘のようにいきなり取締役にしても、後継者にとっては不幸なだけである。

佐藤 肇「決断の定石」CDより

［7—5］経営者の「視点」で考える

後継者を「スペシャリスト」に育ててはいけない。

大学卒業後すぐに自社に入れ、従業員の一人として仕事を覚えさせた二代目が、いざ社長になったときにまったく力を発揮できないことがある。それは、社長の「視点」を養《やしな》うべく、子息を育てていないからではないだろうか。

経営というのは、最小の資源で最大の利益を上げるために、ヒト・モノ・カネを効率的かつ合理的に配置し、各部門が全体最適のバランスで前進していかねばならない。

だから後継者を自社のどの部門で修行させるにしても、一部門のベストではなく、会社にとってのベストを常に考える視点をもたせることだ。全体を見ることで部門内に新たな改善点が生まれ、会社全体の成長発展につながる。

中小企業でも大企業でも、社長と管理職の経営課題は違う。後継者には会社全体を率《ひき》いる、ゼネラリストとしての訓練を積ませていただきたい。

佐藤　肇「決断の定石」CDより

［7―6］「一時就職」をおすすめしない理由

新卒の息子は「大企業への一時就職」禁止。

後継者教育で、社会人になったらヨソの会社に入れて修行させるというケースをよく耳にする。修行というからには、発注元など自社よりも規模の大きい一流企業に入れるのであろうが、そこで特別に目をかけて、いろいろな部門を経験させてくれることなど、まず望めないと考えるべきだ。

受け入れるほうの立場で考えてみれば、簡単な理由だ。どうせ5年やそこらで自分の会社に戻る人間ならば、あたらずさわらず、重要な仕事を教え込もうという気にはならない。

そうして、大企業の表面だけを見るような上滑りの勉強しかできなかった息子が中小企業に戻ってきても、ウチは組織ができてない、IT技術がない、教育ができてない、幹部がいない…と「ナイナイ病」患者になるだけである。

それならば大企業へ一時就職などさせず、自社でじっくり育てたほうがよい。

佐藤　肇「決断の定石」ＣＤより

［7—7］会社を絶対に潰さない帝王学教育

帝王学は「数字」から始まった。

私が親父から直に経営を学んだ期間は、たった2年しかない。私を43歳で取締役社長室長にしてから2年後に、親父は心筋梗塞で急逝《きゅうせい》したからだ。しかし親父のそばで仕事をした2年間で私は、その後幾度も訪れる難局を乗り切るだけの佐藤式経営を学びとったと自負している。

親父が私に施してくれた帝王学教育は数字、すなわち財務である。従業員の生活を守ることが経営者としての使命である以上、絶対に会社を潰さないために、財務の要諦《ようてい》を学ぶことが絶対不可欠との信念からである。

親父流の教育法はこうだ。まず、社長室長となってから最初の半年間は、怒涛《どとう》の「有報《ゆうほう》ノック」である。「どの会社でもいいから上場企業の有報《ゆうほう》（有価証券報告書）を買って自分なりに分析し、リポートを書け」と指示されたのだ。

いまでは笑い話だが、最初は「UFO《ユーホー》を買えとはどういうことか」とポカンとしてしまった。それまで、財務の勉強などまったくしてこなかったのである。

どこをどう分析すればいいか見当がつかず、四苦八苦の末に何とかリポートを提出すると、それを読んだ親父が「この数字とこの数字を掛け算すると、こういう意味があるんだ。次の会社のリポートでは、そういう視点も盛り込んでみろ」と教えてくれる。そうして他の仕事はほとんどせず、有報ノックを次から次へと続けたら、半年で財務がわかるようになった。

さらに、社長業の合間をぬって親父が塾頭となり、全国の経営者に財務を中心に経営の定石を教える「佐藤塾」の助手を任されたのもこの頃だ。

業種業態の違う様々な会社の過去5期分の決算書を分析し、売上利益計画のみならず人件費、設備投資と減価償却費、借入返済と金利、支払う税金の計算までして、綿密な資金の裏付けをもった5年先までの長期経営計画のつくり方を指導する勉強会である。

この佐藤塾の資料づくりを手伝い、塾生の社長と深夜まで語り合う親父の後ろで話を聴くうちに、数字をいかに経営の武器とするかを学び取ることができた。

あとは実践である。取締役となった年は、斜陽事業からの撤退のため2期連続の赤字を出した。当時、すでに東証一部上場していたから、この赤字は将来の高収益体質を築くための前向きな赤字であるという経営計画書をもって、親父について国内外の投資家と銀行に説明に回り、理解を得るという経験をした。

とにかく、私はわずか2年であるが親父から企業存続に対する執念というものを、経営数字というカタチで徹底的に叩き込まれた。そのおかげで、親父亡きあとも、従業員の雇用を守り抜く経営ができたのである。

［7—8］社長に必須の2大能力

決断力と実行力、この2つがない後継者を社長にしてはいけない。

佐藤塾という勉強会で30年以上、様々な経営者にお会いしているが、時折、「この方は残念ながら、絶望的に社長に向いていない」と思う後継者がいる。それは決断して実行するという、社長に必須の2大能力がない方である。

経営の実務で、決断力ほど体得しづらいものはない。とくに後継社長は、そうである。しかし、経営とは環境変化適応業である以上、何も決断せず実行しなければ、あっという間に業績は落ち、会社は衰退する。

法律用語でこれを「不作為《ふさくい》」というが、やらなければならないと理解しているにも関わらず、決断し実行できない後継者を次のトップに据えるというのは、ある種の犯罪に近いのではないかとさえ思ってしまう。

厳しい言い方になるが、決断力と実行力がない者を社長にすれば、多くの人を不幸にする。社長は後継者育成に心して当たっていただきたい。

佐藤　肇「決断の定石」ＣＤより

［7—9］社長の責任は次の代の繁栄まで

社長の仕事は、後継者を決めることではない。

創業者がつくったスター精密の企業スローガンは、「企業は永遠に発展させるもの、従業員の生活はたゆまず向上するもの」だ。「永遠に」であるから、代々の社長には、自分が辞めても困らない会社にするという責任がある。

ゆえに、リーマンショックの影響による大赤字期に社長就任した私の役割は、業績を立て直し、次の社長を育て、そして新社長が何の足かせもなく活躍できる環境を整えることと定め、その任務に全力を注いだ。

大事なことは、私が自らの任期中に過去最高益を出そうとも、大赤字からV字回復を遂げようとも、次の社長が会社をおかしくしたら、それは一人前の後継者を育てられなかった私の責任ということだ。

だから新社長が就任した年に、立派に前期業績を上回ってくれたときは、わがことして喜ぶと同時に、自らの責任を果たした安堵《あんど》感でいっぱいになった。

佐藤 肇「決断の定石」ＣＤより

［7―10］社長業の一番の難題

組織のトップに立てば、その途端に客観視できなくなるものがある。

創業者の親父が晩年、よくこう言っていた。

「俺は今のところ会社の役に立つから辞めないが、会社の邪魔になると思ったら真っ先に言ってくれ。まわりは遠慮してお世辞で隠すかもしれないから、息子であるお前がはっきりと言ってくれ。頼む」と。私もまた社長になったとき、あのときの親父の切実な気持ちを理解できたように思う。

一般的にまああの利益が出ていれば、よほどのことがないかぎりは社長個人に承継の時期がゆだねられる。経営者の業《ごう》というべき、「生涯社長」願望は、よほど強い自制心をもたなければ払拭《ふっしょく》は難しいゆえに、とくにオーナー社長の場合はどうしても、承継時期が遅れる傾向にある。

しかし、まわりから「社長そろそろ…」と言われるようでは、おしまいである。社長業の一番の難題は、その引き際かもしれない。

［7―11］老害にならないために

社長は予《あらかじ》め、自《みずか》らの引き際を決めておけ。

オーナー社長には、自らの引き際をあらかじめ決め、社長の定年を内規として定めるなど、「社長の老害化」を防ぐシステムを敷《し》いておくべきである。

社長を降りる時期については、数字的な目標や事業計画の完遂、あるいは理想的な後継者が決まったときなど、各人の美学をもとに決めればよい。

私の場合は、57歳で社長就任の内示を受けた時点で、65歳で社長を
こうと自ら決めた。任期を8年と定めた理由は、私が社長に就任した年にリ
マンショックの影響で85億円の大赤字となり、業績立て直しに3年、そ
上で新社長がやりやすい環境づくりに5年は必要と判断したからだ。

引き際を決めたことで、8年後までのスケジュールが明確になり、意思
定のスピードやその効力も上がった。おそらく漫然《まんぜん》と社長をやるのとは比
ものにならない満足感をもって、引き際を迎えることができたと思う。

佐藤 肇「決断の定石」CD

［7―12］息子たちへ

「本当の社長業」を全《まっと》うできるのは、長くて10年。

あるとき、私のセミナーに親子で参加された後継者に「20年も修行期間は要りません、先生、どうすれば早く社長を継げますか?」と助言を求められた。大学卒業後にすぐに父親の会社に入って6年目、28歳のご子息である。

社長は79歳、活力あふれる様相《ようそう》だが、たしかに会長に退いてもよい年齢だ。とはいえ、息子はまだまだ経験が足りない。「親父より会社を大きくできる」と息巻く子息の隣で、父親は「先生、何とか言ってやってくださいよ」と苦笑いだ。

私は子息をこう諭《さと》した。「君の歳で会社を継いだら30年は社長だよ。本物の社長業がどれほど過酷で難しいか、それがわかるようになったら10年社長をやれば十分だと思うはずだ。君は必ず社長になれる環境にあるのだから焦る必要はない。実績を積んで、まわりに認められてから社長になったほうが幸せだよ」

子息の幸福と会社の発展を願う、父の気持ちを代弁して伝えた言葉である。

［7―13］会長業の鉄則

社長に任せられないうちは、会長になってはいけない。

譲《ゆず》った当座の〝新米会長〟に多く見られる困った典型がある。それは、社長の呼称を「会長」に変えただけで、相変わらず自分が陣頭指揮《じんとうしき》をとるケースだ。

会長業の鉄則は、「口をはさまない」「新社長を立てる」である。会社を危機に陥れるような判断ミスをしないかぎりは反対せず、一度や二度は新社長に失敗を経験させ、なにくそと挽回することで成長させる。それが譲る側の思いやりであり、その力量がないうちは会長になってはいけないと私は思う。

理想は、気力体力のあるうちに社長を譲り、事あるときはいつでもバックアップする余力を残したまま、会長となり見守ることだ。

棺桶《かんおけ》に片足を突っ込むような歳になってやっと交替したのでは、新社長に挑戦と失敗の訓練を積ませる機会を与えてやれない。事業承継には、「任せたら任せきる」という、譲る側の覚悟が必要なのである。

佐藤肇「決断の定石」CDより

［7―14］社長の役割、会長の役割

会長の仕事は、会社に残る「負の遺産」を取り除くこと。

会社が良くなるために会長がやるべき役割の一つに、いわゆる「負の遺産」を処理するということがある。たとえば、私は自らが社長時代につくった海外支店を3つ、国内工場2つを、会長になってから3年計画で売却した。いずれも斜陽化するものと判断し、会長主導でやったことである。

何とか赤字を免《まぬが》れている状況でも、長年業績の足を引っぱる土地、工場や事業が、だいたいどこの会社にもあるだろう。ところが、社長をやっているうちは、これらをどうしても「負の遺産」だと捉えられない。思い入れもあるし、何より売上が減ることを、社長はなかなか決断できないものだ。

だからこそ、負の遺産は率先して会長が取り除いてやるのだ。社長は最前線で10年先、20年先の売上をつくっていく。これを支援するために、会長は最後尾から会社を俯瞰《ふかん》し、行程の障害物を取り除いてやってほしい。

〔7—15〕後継者の心得

後継者は、「先代を超えよう」などと考えてはいけない。

私がスター精密の社長になってから過去最高益を出し、ボーナスの支給額ランキングでは大企業に交じって上位の常連となった。それを称して「創業者を超えましたね」と言われることもあるが、とんでもない。

たとえ過去最高益を出したとて、それは先代が長い年月をかけて築いた資金力や信用力、組織力などがあってのものだ。後継者のなかには、自分の経営に自信をもちだすと「俺は先代を超えた」「親父の経営は古い」と、謙虚さを失う者がいるが、それは結局、天に唾を吐くように自分に返ってくるだけだ。

事業承継の鉄則は「守りながら変容」である。先代が築いた「財産」を受け継ぐことに感謝しなければ、これを守ることも、ましてその財産を活用して「新たな財産」を生み出すこともできない。

事業の永い繁栄は、先代への「感謝の気持ち」と「謙虚な心」が土台となる。

佐藤　肇「決断の定石」ＣＤより

［7―16］親孝行、したいときに親はなし

生きているうちに退職金を払ってやるのが、事業を継ぐ息子にできる最大の親孝行。

後継者としての私の最大の後悔は、親父が生きているうちに退職金を支払ってやれなかったことだ。

親父は急逝《きゅうせい》する5カ月前に会長職を退き、相談役となった。代表権を譲りやっと退職金を支払える時期となって、本人も引退後の人生を謳歌《おうか》しよう

思っていた矢先に、急性心不全で突然逝ってしまったのだ。

一番愛した会社、それも自分の執務室で仕事をしながらの死であり、本

はこれ以上ないほど自分らしい最期だと満足かもしれないが、息子として

「死んでから退職金を払うなんて、こんな親不孝はない」と悔いが残る。

だから佐藤塾で昔から懇意にしている若手後継者には、「親父が安心して

営から手を引ける環境を早く整えてやれ、明日親父が死んだら絶対に後悔

るぞ」と、老婆心《ろうばしん》ながら何度も注意してしまうのである。

佐藤　肇「決断の定石」CDよ

佐藤《さとう》 肇《はじめ》氏について

的確な経営のかじ取りで、変化に即応し、業績を上げ続ける名経営者。

１９７５年大学卒業後、父・誠一氏が創業したスター精密に入社。２００９年の社長就任時には、リーマンショックの影響で７３９億の売上高が一気に3分の1に激減、８５億円の大赤字となるも、自己資本比率８割を維持。社員(国内)７００名の雇用を守り抜きながら、わずか一年で業績V字回復を果たす。２０１７年3月より代表取締役会長。

社長業の激務のかたわら、３０年にわたり塾頭を務める社長勉強会「佐藤塾」を主宰。好不況に左右されず堅実に成長する経営ノウハウを学びたいと、全国から経営者が殺到。その経営手腕と魅力的な人柄に、多くの経営者が氏を信奉、私淑している。

１９５１年生まれ、学習院大学卒。主な著書に「先読み経営」「社長が絶対に守るべき経営の定石」「社員の給料は上げるが総人件費は増やさない経営」(すべて日本経営合理化協会刊)。

●絶対に会社をつぶさない

佐藤式 先読み経営

本文448頁/A5判
定価 15,000円(税別)

好不況に左右されず着実に会社を成長させてきた著者が「会社を絶対につぶさない10の鉄則」と、わが社の5年先を見通し、無借金にする社長の実務を初公開。

売上が大きく伸びない低成長時代にあって、増益し、会社におカネを残す佐藤式経営の全貌を、東証一部の現役経営者ならではの端的で分かりやすい説明で明示した、経営者必読の書。

＊日本経営合理化協会の公式サイトより、本書の「お試し読み」、ご購入ができます▼

「先読み5カ年計画書」作成シート12枚収録

■本書を推薦します

「金融機関に信頼を得るために」
スタジオアリス 会長 本村 昌次 氏

「この感動を多くの社長に」
セントケア 会長兼社長 村上 美晴 氏

「学生のようにマーカーをいっぱい引いた」
岡本硝子 社長 岡本 毅 氏

※推薦者のお役職は推薦文をいただいた当時のものです。

●最小の人件費で最大の利益をあげる

社員の給料は上げるが総人件費は増やさない経営

本文４４４頁／Ａ5判
定価９，８００円（税別）

最小の人件費で最大の利益をあげる画期的な「佐藤式人件費コントロール」のノウハウ。

固定費としての人件費は抑え、社員個々の給料を上げるために、早急に改善すべき人件費の抜本課題を、導入各社の成功実例を豊富にまじえ、１２ステップのヒナ型実習で分かりやすく解説した注目の書。

＊日本経営合理化協会の公式サイトより、本書の「お試し読み」、ご購入ができます▼

「人件費5カ年計画作成の実務資料集」収録

■本書を推薦します

「人件費を抜本的に革新する書」
ファナック 社長 稲葉 善治 氏

「実務家ならではの説得力」
ツルハ 会長 鶴羽 樹 氏

「豊富な事例が魅力」
木内建設 社長 木内 藤男 氏

※推薦者のお役職は推薦文をいただいた当時のものです。

（参考資料） 5日間でつくる！《佐藤式 長期経営計画》作成合宿のながれ

第1日目

自社決算書（直近3期分）を佐藤式「社長の決算書」（A4版2表）にまとめ、8項目経営分析

P/L分析
●A4チャートに過去3期分析 ●粗付加価値 ●固定費 ●内部留保率 …など

B/S分析
●バランスシート全体像をつかむ ●B/SとP/Lの関連 ●経営安全性 …など

第2日目

自社のP/L・B/Sから経営体質・長所改善点を診る

運転資金実績
●わが社の経営体質と運転資金の長所と改善点をつかむ
●資金不足の根本原因は？ ●「売掛金」と「買掛金」のバランス
●わが社の適正在庫は？ ●資金不足の調達 …など

改善点の全社統一見解は？

経営分析29項目指標
●わが社の経営実態をつかむ30項目の経営分析
●収益性、健全性、生産性、安全性 ●特に重要な10大経営指標
●幹部全員が全社視点で「経営実態」をシッカリ理解する

長期事業構想の作成
●景気、市況の正しい読み方 ●わが社の5年ビジョン
●売上、粗利益の設定法 ●伸ばす経営、捨てる経営
●商品、販路、出店… ●海外展開 ●財務強化のメド

1社1社の経営体質をとらえ、
実行計画と長期計画の第二弾を
提示…！

第3日目

佐藤式「付加価値経営」の基本的な考え方と立案計画

付加価値配分計画

●社長の経営意思の決定　●5年後の内部留保目標設定　…など

人件費計画・採用計画

●処遇は高く、総額は減らす《佐藤式人件費計画》の思想と実務
●生産性の向上と要員計画　…など

運転資金計画

●資金繰りを楽にする回収率と支払率の決め方　●一か月分の資金プール　…など

設備投資・償却費計画

●設備生産性を上げる　●カネを借りずに設備投資を続ける鉄則　…など

第4日目

5ヵ年の売上利益計画の完成と目標バランスシート

税金計画

●社長として知っておくべき「会社の税金」の仕組み
●業績予想と6ヵ月決算の活用　…など

資金運用計画

●会社全体の「お金の動き」を掴む　●5年で無借金に挑戦する　…など

借入金の返済・調達

●長期と短期借入金の金利負担を測る
●資金不足の予測と新規融資　…など

財務計画・目標B/S

●5年後までの貸借対照表（B/S）を正確に作成　…など

第5日目

完成した5年計画の分析

佐藤塾長の個別指導　**経営シミュレーション**

売上利益、設備投資計画の条件を変更し、2〜3通りの長期計画を再度立案

深夜まで自社の
「長期計画」完成に…。
誰もいなくなった
会議室で残り3社に！

※詳しいセミナー要項・お申し込みは、日本経営合理化協会の公式サイトをご覧ください。▼

佐藤肇 経営の決断 101項

定価 本体 三、三〇〇円（税別）

二〇二一年 七 月 四 日 初版 発行
二〇二一年 十二月二十二日 三版 発行

著 者 佐藤 肇
発行者 牟田太陽
発行所 日本経営合理化協会出版局
東京都千代田区内神田一—三—三
〒一〇一—〇〇四七
TEL 〇三—三二九三—〇〇四一（代）
URL http://www.jmca.jp

装 丁 美柑和俊
印 刷 日本印刷
製 本 星 共 社

 ISBN978-4-89101-455-1 C2034